D1639785

Kurt F. Svatek

Das Meer, der Mond und die Zeit

Ein Tanz der Gedanken

Kurt F. Svatek

Das Meer, der Mond und die Zeit

Ein Tanz der Gedanken

LICHTpunkte Band 145

Bibliografische Information der Deutschen Nationalbibliothek
Die Deutsche Nationalbibliothek verzeichnet diese Publikation in der
Deutschen Nationalbibliografie; detaillierte bibliografische Daten sind im
Internet über http://dnb.d-nb.de abrufbar.

1. Auflage 2022
© Copyright beim Autor
alle Rechte vorbehalten

Herstellung: TRIGA – Der Verlag UG (haftungsbeschränkt),
GF: Christina Schmitt
Leipziger Straße 2, 63571 Gelnhausen-Roth
www.triga-der-verlag.de
E-Mail: triga@triga-der-verlag.de

Druck: winterwork Borsdorf
Printed in Germany

ISBN 978-3-95828-301-5 (Hardcover-Ausgabe)
ISBN 978-3-95828-302-2 (eBook-Ausgabe)

Entrée

Das Meeresleuchten

Meeresleuchten, wie wir es kennen, wird durch winzig kleine Organismen erzeugt. Da rottet und drängt sich wie bei einer Demonstration eine unzählbare Meute an Einzellern zusammen, die den Algen zugerechnet werden.

Obwohl das Wasser blau bis grün zu lumineszieren scheint, leuchtet nicht das Wasser des Meeres, sondern es schimmern die im Meer befindlichen kleinen Lebewesen. Sie senden auf einen Berührungsreiz kürzer oder auch länger anhaltende Lichtsignale aus. Dass dies so ist, lässt sich am Strand beobachten. Wenn das Meeresleuchten in der Brandung sichtbar wird, kann es auch ein jeder im Sand des Strandes auslösen. Man muss nur mit den Händen oder den Füßen über den Sand streichen. Die Organismen, die dadurch berührt werden, leuchten selbst hier auf.

Da die für das Meeresleuchten erforderlichen, mikroskopisch kleinen Algen nicht immer in genügend großer Ansammlung vorhanden sind – es gibt ja auch Demonstrationen mit nur wenigen Teilnehmern – kann die Lumineszenz des Meeres leider nur gelegentlich wahrgenommen werden. Die genauen Bedingungen und Gründe für ein gehäuftes Auftreten der sogenannten Dinoflagellaten sind bisher nicht wirklich geklärt. Einer dieser Einzeller trägt auf Deutsch etwa den schönen Namen: Nachtlaternchen.

Berichte darüber gibt es schon sehr früh, die Erscheinung wurde allerdings dunklen Mächten zugeschrieben. Erst 1835 kam der Verdacht auf, dass das Phänomen etwas mit Mikroorganismen zu tun haben könnte.

In der Literatur beschreibt etwa Jules Verne in seinem Buch »Zwanzigtausend Meilen unter dem Meer« dieses Ereignis, und im Kinderbuch »Jim Knopf und die Wilde 13« von Michael Ende muss Jim Knopf helfen, das Meeresleuchten zu reparieren, um das Reich der Meerjungfrauen und Meermänner zu beleuchten.

Es gibt nicht viel Schöneres, als etwa auf Puerto Rico nachts in die Moskito Bay zu fahren, vom Boot aus ins dunkle Wasser zu springen und plötzlich in eine Welt des Lichts einzutauchen; denn bei jeder Schwimmbewegung erstrahlt das Wasser durch den äußerlichen Reiz blau-grün. In keiner anderen Bucht der Welt kommen nämlich so viele dieser kleinen Lebewesen vor.

Obwohl der Mensch so kompliziert aufgebaut ist und die Algen so kleine Gebilde sind, muss er irgendwie auf sie neidisch werden.

Doch so, wie sich viele kleine Lebewesen zu etwas Besonderem zusammenrotten und auf diese Weise Wirkung erzielen, können sich auch Buchstaben zu einzigartigen Gebilden zusammenfinden. Ein einzelnes Schriftzeichen mag so mickrig sein wie eine einzelne Alge, aber viele in Wortgirlanden verwobene wären ebenfalls in der Lage, ein derart poetisches Leuchten auszulösen. Sogar in allen Farben des Regenbogens. Wenn auch nicht so sehr an der Oberfläche, von einem Lächeln abgesehen oder dem Aufblitzen der Augen, sondern viel wahrscheinlicher im Inneren. Nur, was ist der Mensch schon gegenüber dem Meer. Genau genommen dürfte unser Planet ja auch gar nicht Erde heißen, sondern Wasser oder Ozean.

Kurt F. Svatek

Somos un guijarro en el ojo del tiempo.
Wir sind ein Kieselstein im Auge der Zeit.

Lorena Pircher

Pas de deux

Der Tanz der Gedanken

Die Geister der Vergangenheit
du wirst sie nicht los,
also tanz mit ihnen.

Tanz mit den Wolken,
sie werden schon nicht gleich
Sturm und Gewitter bringen.

Tanz heute Nacht
einen Slowfox
mit den Sternen.

Vielleicht,
ja, vielleicht tanzen
die Gedanken auch mit.

Pura vida

Die Plaza Major
sieht anderen Hauptplätzen so ähnlich,
dass du fast überlegen musst,
in welcher Stadt du eigentlich bist.
Studenten spielen auf Bestellung Liebeslieder.

Beinahe gleichzeitig geht die rote Sonne unter,
und weiß erscheint der Mond am Firmament.
Es scheint, als ob Vergangenheit,
Gegenwart und Zukunft
gerade gleichzeitig stattfänden.

So wird das Meer auch in dieser Nacht
nicht wirklich schwarz sein.
Einen Moment des größten Malens, wenn nicht fürs Leben,
so doch zumindest für Stunden anhalten zu können,
was für ein Wunsch?

Sieht einer oft nicht ohnehin
nicht das, was er sehen könnte,
sondern das, was er sehen will?
Auch der Sanduhr läuft die Zeit ja nur davon,
wenn sie keiner mehr umdreht.

Anmerkung: »Pura vida« ist das Lebensgefühl der Bevölkerung Costa Ricas. Pura Vida bedeutet direkt vom Spanischen ins Deutsche übersetzt das »reine Leben«. Es dient als Grußformel oder auch als Antwort auf die Frage nach dem Befinden – und beschreibt ein Lebensgefühl. Es wird vermutet, dass Pura Vida 1956 mit dem mexikanischen Film ¡*Pura Vida!* Nach Costa Rica gekommen ist. Im Film verwendet der Hauptdarsteller die Phrase Pura Vida, obwohl alles nicht so läuft, wie geplant. Trotz der Prüfungen, welche diese Person zu meistern hat, ist sie optimistisch und glücklich. Einzelne nahmen den Ausdruck und die Lebensweise sofort an. Die gesamte Bevölkerung aber begann erst 1970 wirklich, Pura Vida zu leben. Heute ist diese Lebensweise ein Teil der Seele Costa Ricas.

Nur ein Augenblick und alles ist anders

Du hast sie nicht vergessen,
aber du wolltest sie nicht sagen,
die als Champagner
auf den Lippen prickelnden Wörter,
die einer von deinem Mund
abzulesen bereit war.

War es das Verweigerungsgen,
oder doch wohl eher
aus dem Elfenbeinturm heraus
ein geheimes Zurückzahlen für alles,
was andere nicht gesagt
oder eben nur gut gemeint haben?

Aber wozu
ganz gewöhnliche Wörter
aus dem Alltag,
die weit entfernt davon sind,
aus Gold zu sein,
auf die Goldwaage legen?

Der Bach fließt eben nicht überall gleich,
und nur der Luftikus
fühlt keinen Widerstand im Leben.
So können auch Wörter,
die nicht gesagt wurden,
einiges anrichten.

Alle Taler der Welt

Es war der Mond,
der da im Meer unterging,
und nicht die Sonne.
Die versteckte sich ja
schon vor Stunden
hinter den Bergen.

So ist der Ozean
gegen Ende der Nacht
noch versilbert worden,
dabei ist er ohnehin
nicht mit allen Talern der Welt
aufzuwiegen.

Und die,
die jetzt in der Johannisnacht
Fackeln anzünden
und glauben,
damit das Böse zu vertreiben,
hoffentlich irren sie sich nicht.

Denn ganz am Anfang, da stehen die Ideen
und am Ende ja doch nur die Interessen.
Das Herzblut,
es tropft ganz langsam ab.
Die Zeit lässt sich zwar nicht aufhalten,
bleibt aber trotzdem manchmal von allein stehen.

Anmerkung: Die Johannisnacht ist die Nacht auf den Johannistag, vom 23. auf den 24. Juni. Der Johannistag ist das Hochfest der Geburt Johannes des Täufers und steht auch eng im Zusammenhang mit der Sommersonnenwende.

Ohne Belang

Den Krähen ist es gleichgültig,
ob sie auf einem Minarett,
einem Stupa
oder einem Kirchturm sitzen,
wenn sie auf Beute warten.

Der Säugling
interessiert sich so gar nicht
für die Farbe
der Fingernägel seiner Mutter
oder ihrer Haare,

oder wem sie bei der letzten Wahl
ihre Stimme gegeben hat.
Warum nur wird für ihn später einmal
zwischen Hochzeitsfesten und Leichenschmaus
dann alles so kompliziert werden?

Vielleicht weil jeder
auch am Schicksal der anderen
zumindest ein wenig mit schuld ist,
so wie jeder Nebenfluss
selbst den Strom verändert.

Das vergilbte Foto

Die Fotografie,
ist sie nicht eine Art Tod,
erstarrter Alltag,
aufstachelnde Erinnerung,
ein Picknick mit den Ahnen auf dem Berg
mit einem bizarren Tischtuch aus Wolken?

Eine zerfetzte Hülle
für leere Gewohnheiten
hängt in den Bäumen,
ohne zu wissen,
wie einer damit umgehen soll,
und die doch nur fremde Neugier bewirkt.

Auf den ersten Blick
und auf den zweiten Blick
ist die Welt anders als auf den dritten.
Nur Musiker
können den Schmerz
in Blues umwandeln.

Die Nacht
riecht irgendwie süßer
als der Tag,
und das Licht des Mondes
ist lang nicht so hart
wie das der Sonne.

Kohärent

Wer einmal nur
ein falsches Gebet spricht,
wird nie mehr
mit anderen beten dürfen.

Wer berichtet,
worüber er unglücklich ist,
wird nur noch
unglücklicher werden.

Ein unreiner oder falscher Ton
bedeutet oft schon Auftrittsverbot.
So ist das
in den Chören der Welt.

Wer einmal aus dem Haus geht,
kann nie mehr zurückkommen.
Und wer einmal konkurriert
kann nie mehr kooperieren.

Sind es aber nicht
gerade die schönsten Schmetterlinge,
die gefangen werden
und aufgespießt?

Dabei verbeugt sich doch
der Schmetterlingsmann beim Kennenlernen
fast menschlich galant
vor seiner Angebeteten.

Altar und Galgen
sind eben zu nah beieinander.
Stirbt denn wirklich jeder nur
für das, was er zu sehr liebt?

Diese Straße

ist eine Prachtstraße,
ein Boulevard,
auf dem das Leben tobt,
oder sich manchmal auch
in die stillen Winkel
eines Cafés zurückzieht.

Diese Straße ist eine Chaussee zum Bummeln,
ein Korso der Freiheit,
eine Avenue des Intellekts,
eine Avenida des Neuen,
eine Promenade mit Ausblick und Einsicht,
großzügig selbst zu den Kleingläubigen.

Die Straße wehrt sich
gegen alle autoritären Strömungen,
gegen alle totalitären Ideen,
gegen alle Spielarten
des Despotismus,
gegen alle repressiven Anwandlungen,

gegen extremistische Ordnungen,
gegen die kontrollierende Manie,
und wird so zum Streitwagen des Geistes.
Vielleicht ist sie gerade auch deshalb
deine Straße
und womöglich auch die vieler anderer.

Blutbild

Im Blut schwimmt auch ein Tropfen Widerstand,
ein Tropfen Zweifel,
ob alles sein muss, wie es ist,
und alles ist so, wie es scheint.

Im Blut schwimmt auch ein Tropfen Liebe und Phobie,
ein Tropfen Vorurteil,
die Sehnsucht nach der Ferne,
zumindest aber nach einer anderen Heimat.

Ein Tropfen Demut,
und dann noch mehr als einer, der gerne aufbegehrt,
ein Tropfen Nostalgie,
Hoffnung und Verzweifelt-Sein.

Im Blut schwimmt auch so mancher Tropfen,
von dem du vielleicht selbst
noch keine Ahnung hast.
Du spendest also besser nicht.

Mysterium

Verstummt denn wirklich
immer der sanfte Südwind,
weil ihn der Nordwind vertreibt
und dann entflieht,
um neue Verwirrungen anzustellen
und neue Vögel von den Zweigen fallen zu lassen?

Das Zittern der Ahornblätter
wird wohl nie
ganz verschwinden,
wie auch der
schon verloren geglaubte Tag.
Seine Türen öffnen sich nur schwerer.

Denn der Mensch kann auch die Musik
weder anfassen noch sehen,
und dennoch ist sie
unleugbar da.
Nur ist ein Fest schöner,
wenn es länger dauert?

Es gibt aber das kleine Wort,
den Wimpernschlag
mit großer geschichtlicher Dimension.
Wieder einmal so etwas,
was einer
nur hinterher versteht.

Frida K.

Es gehen immer Teile mit,
mit den toten Kindern,
mit den tausend Nadelstichen des Körpers,
mit dem Kolibri,
der das blaue Haus verlässt
und kurz nur an jeder Blüte weilt,
mit jedem Auge,
das sich schließt.

Es gehen immer Teile mit,
auch mit der Hoffnung,
die der heiße Mittagswind verweht,
wie das schwarze Haar.
Das sind nur
ein paar Gründe,
weshalb die Seele
eines Tages dann so leer ist.

Sie hat die Unschuld gesucht
und immer nur
Schuld gefunden.
Sie hat Fragen gestellt
und war doch
gegen jede Antwort misstrauisch geworden,
denn beobachtete sie
nicht ein Leben lang der Tod?

Anmerkung: Das blaue Haus ist das Geburtshaus der mexikanischen Malerin Frida
Kahlo. Der Kolibri steht als Sinnbild für die flüchtige Liebe.

An keinem Ort

Zuerst war es die Heimat,
die einen verlassen hat,
und dann die Fremde,

die so fremd bleibt,
wie die Heimat
fremd geworden ist.

Die Lotosblume,
sie blüht wohl
nirgendwo.

Und jedem
bleibt das Leben
eben etwas anderes schuldig.

Natürlich ist das Leben ein Fluss,
einmal da
und einmal dort,

einmal schnell
und einmal langsam.
Nur wo spült es dich an Land?

Anmerkung: Die Lotosblume gilt als die Blume des Lebens.

Nachgeschmack

Der Gegenwind
war manchmal stark,
und die Steine auf dem Weg
waren des Öfteren
doch ein wenig zu scharfkantig und groß.

Wie harmlos
waren da einstmals die Kindertränen
wegen der aufgeschürften
und blutigen Knie
gegen spätere.

Wie auch immer,
hatte der eine oder andere Tag
nicht die Suppe versalzen
und Sand
in die Augen gestreut?

Oft nur eine oder zwei Generationen später,
und das ist erschreckend,
ist alles vergessen.
So kehrt Geschichte
immer wieder.

Das Revier der vermeintlich gefährlichen Haie
reichte wiederholt bis zum Strand.
Doch sie haben dich immer respektiert,
weil du Respekt vor ihnen hattest.
Sie haben dich nie verletzt, die Haie.

Der Schatten der Geschichte

Das erste
ins Hebräische oder Jiddische
übersetzte Gedicht
sollte wie ein frisch gesetzter Baum sein,
der aus der Erde
wie aus dem Schatten der Geschichte tritt.

Dazu gehört Mut, viel Mut sogar,
doch man sollte ihn aufbringen,
so wie der Setzling,
der in der neuen Erde
vielleicht sogar mehr Nährstoffe erhält,
als in der alten.

Denn wäre der Geist
der Zwanzigerjahre
des vorigen Jahrhunderts
nicht durch die faschistischen Strömungen
gewaltsam abgelöst worden,
sähe die Welt heute anders aus.

Doch wie heißt es
nicht nur im Psalmencafé in Marais,
im alten jüdischen Viertel von Paris,
rund um die Rue des Rosiers,
»Wen is beschert, beschert.«
Also: es kommt, wie es kommt.

Anmerkung: »beschert« oder »baschert«, bedeutet hier so viel wie »von Gott be-
stimmt«. Das Psalmencafé ist das Café des Psaumes.

Das Meer gehört ...

Das Meer gehört den Walen
und den Seepferdchen,
den Krebsen, Muscheln und Korallen,
das Meer gehört den Schnecken,
Seeigeln, Würmern und Quallen.
Das Meer gehört den Tintenfischen,
den Seelöwen, Eisbären und Pinguinen,
den Seesternen und den Möwen,
das Meer gehört auch den Fischern von ehedem,
die noch mehr Fisch
als Müll im Netz hatten,
aber das Meer
gehört nicht denen vom Stamme Nimm.
Dennoch lehrt das Meer,
selbst in einer versehrten Welt
zu überleben.

Die Milchstraße

Heutzutage muss einer schon
die großen Städte
mit den vielen Lichtern verlassen,
die keiner mehr zählen kann.
Das bedeutet eine lange Reise,
um die Milchstraße zu sehen

mit ihren Gestirnen, Planeten,
Monden und Nebeln,
und all die andere Galaxien,
Galaxiengruppen, Supercluster,
unvorstellbar von der Zeit her
und der Entfernung.

Doch dann sind all die verschütteten Gefühle
plötzlich wieder da.
Du fühlst dich geborgen,
denn jeder Mensch, der je gelebt hat,
hat dort einen Stern
und du bist für einen Augenblick davon ganz du.

Gärtnerlatein

Schon als die Welt
angeblich noch in Ordnung war,
und die Straßenbahnen
durch die Kurven quietschten,
wusste der Mensch,
dass die Uhren überall
gern anders gehen,
vor allem aber,
dass er nicht gemacht ist,
um glücklich zu sein,
denn je mehr er nachdenkt,
ob er glücklich ist,
umso unglücklicher
fühlt er sich.

Dabei ist der Mensch
sein eigener Garten
und sollte auch hin und wieder
Unkraut jäten.
Nur eben nicht alles,
was der Wind im Laufe der Zeit anbaut,
stellt sich tatsächlich
als Unkraut heraus,
das es genau genommen
für einen Botaniker
auch gar nicht gibt.
Und noch etwas,
nicht nur Rosen
wollen keine nassen Füße.

Jalisco

Im Tequila-Land in Mexiko
gibt es die Sorgenpüppchen
aus bemaltem Ton.

Denen kannst du alles anvertrauen,
was in der Nacht
den Schlaf rauben könnte,

denn auch so mancher helle Kopf
hat hin und wieder
seine dunklen Stunden.

Aber warum gibt es
solche Sorgenpüppchen
eigentlich nur in Mexiko?

Anmerkung: Jalisco, offiziell Freier und Souveräner Staat Jalisco, ist ein mexikani-
sche Bundesstaat, im Westen des Landes am Pazifik gelegen.

On the other Side of the Track

Die Heimat
ist letzten Endes keine Heimat mehr
und das Daheim
kein Daheim.

Selbst die Sehnsucht
nach dem Landstrich
mit dem Wein, den Oliven und Zitronen
ist verblasst.

Wonach sollte einer
auch Sehnsucht haben,
wenn selbst das Paradies
vergiftet scheint.

Was einmal nah war,
hat seine Nähe eingebüßt,
und alles Ferne
ist noch ferner.

Und doch, die kleine weiße Wolke,
ganz weit am Horizont
und kaum noch wahrnehmbar,
kommt langsam näher.

Von der Verantwortung

Da lebt jemand
in seinem Universum,
ohne die anderen Universen zu kennen.
Doch eines ist sicher,
etwas kann immer nur
aus etwas Anderem entstehen,
selbst das Licht
aus der anfänglichen Dunkelheit.

Und um ein neues Haus zu bauen,
muss schon einmal
das alte abgerissen werden.
Daher lohnt es sich schon,
hin und wieder
aus dem Fenster zu schauen,
oder zumindest zuzuhören,
denn die Sprache ist lebendig wie die Natur.

Nur das Wichtige
geschieht nicht krachend,
als ob ein Baum fällt.
Das Wichtige
geschieht in der Stille,
in der ein Wurm die Erde pflügt.
Auch der Flug des Adlers
ist leise.

Zwischen Traum und Wirklichkeit

Wie wenig bleibt im Spätherbst
von der glühenden Sonne des Sommers übrig,
und wie wenig im Winter
von der Ernte des Herbstes,
was dann noch nicht verdorben ist?

Wie viele bunt schillernde Lügen
schaffen es aus dem Tag in die Nacht,
und wie viele
aus der Meute der Schattengestalten
aus der Nacht in den Morgen?

Wie langweilig sind die
um Anerkennung heischenden,
austauschbaren Verehrer,
ohne Mut und Phantasie,
die aalglatten Aufpasser?

Ein gebrochenes Kinn,
wird nie mehr
so leichtfertig sprechen lassen,
wie all die Zeiten zuvor,
so fallen zumindest die Lügen weg.

Auch Dulcinea
wird eines Tages alt sein,
und nur mehr wenig Zeit haben,
viel älter als es Don Quijotes Ideale
je sein können.

Ein wahrer Augenblick

Das Licht der Straßenlaternen
in den großen Städten
scheint nur oberflächlich betrachtet
stärker zu sein als das der Gestirne.

Denn der Augenblick,
wenn Augen in Augen schauen,
alle Zweifel und Unsicherheit vergessen machen,
ist, als ob ein Stern mit Sternen spricht.

Die einzige Antwort

Hat jemand je
ein Leben kennengelernt,
das nicht auf irgendeine Art tragisch
oder zumindest tragisch-grotesk verlaufen ist?

Hat jemand
ein Meer gesehen,
das nicht hin und wieder
die Küste überschwemmt hat,

ein Hochgebirge,
das keine Lawinen loslässt,
einen Vulkan,
der nicht ausbricht,

ein Klischee,
das nicht wie eine Klette
ein Leben lang
anhaftet,

eine Äquatorsonne,
die nichts verbrennt
oder einen Schatten,
der nichts überschattet?

Doch jemand,
der nur Schubfächer kennt,
unterschätzt die Eigendynamik im Tanz
zwischen Idee und Ausführung.

Die damals schönste Frau der Welt*)

Noch schöner als das Gesicht
war die weiche Stimme.
Sie lebte
in einem unbekannten Haus
mit allerdings
nicht ganz so fremdem Mobiliar.

Es schien,
als ob die Lok nicht auf den Schienen liefe,
sondern auf den Schwellen ratterte,
ähnlich dem Auto,
das sich neben dem Asphaltband der Straße
abmüht.

Beide kommen nicht recht weiter,
beiden scheint es
nicht ganz vergönnt zu sein,
das zu werden,
was sie hätten werden könnten
oder wollten.

Muss denn wirklich jeder
das ureigne Sein
gegen all die Ansprüche
eines falschen Systems durchsetzen
und derart
sein Leben selbst erfinden?

Anmerkung: Hedy Lamarr, eigentlich Hedwig Eva Maria Kiesler, 1914–2000, war eine seinerzeit berühmte österreichisch-amerikanische Filmschauspielerin und Erfinderin (Frequenzsprungverfahren, ohne das etwa die heutige WLAN-Technologie nicht möglich wäre).

Humanismus

Es gibt sehr oft einen besseren Ort
hinter dem Horizont,
wo keine Kanarienvögel mehr
in den Kohleminen
als Alarmanzeiger
ihr Dasein fristen müssen,
und der Kompass der Welt
zunehmend auf einen Pol zeigt,
der nicht gerade
in einer eisigen Wüste liegt.

Es gibt sehr oft
einen besseren Zeitpunkt
über den Augenblick hinaus,
jenen Strich
zwischen Vergangenheit
und Zukunft.
Die Frage bleibt, warum einer
durch das Umdrehen der Sanduhr
zwar den Sand zurückrieseln lassen kann,
aber nicht die Zeit.

Nur ohne Endlichkeit gäbe es kaum Antrieb.
Wir würden alles auf die lange Bank schieben,
auch das Umdrehen der Sanduhr.
Denn selbst der einzelne Wassertropfen,
der in den See fällt,
verschwindet nicht spurlos,

sondern schießt inmitten einer kleinen Rosettenfontäne
wieder hoch
und zaubert von einem Kraterrand ausgehend
ein verflachendes,
aber unübersehbares Wellenmuster in den See.

Südseeparadies

Achttausend Schiffe
liegen noch
allein aus dem Zweiten Weltkrieg
in den Meeren auf Grund,
viertausend davon nur im Pazifik.

Sie sind voll von Behältern
mit Öl und Kerosin,
voll von Fässern mit Kampfmitteln,
voll von Minen, Bomben,
Torpedos und Munition.

Und sie rosten und rosten.
Die Stahlwände
werden dünner und dünner.
Manchmal verstopfen nur noch
Ölklumpen die Löcher.

Selbst wenn sie längst schon
künstliche, mit Leben übersäte Riffe bilden,
und ein fast fünf Meter großer Mantarochen
schwerelos darübersegelt.
Sie rosten und rosten …

Wir wissen vieles nicht

Einer kann den richtigen oder den falschen Weg gehen,
und er wird es vielleicht nie erfahren,
aber auch nicht,
wie schwer der Tornister des anderen ist.

Obwohl sich die Geschichte
nicht nur seit jeher
in das Antlitz der Menschen gräbt,
sondern auch in das viel härtere des Bodens,

geht der Rucksack
mit den Familiengeschichten überall mit,
hat er auch da und dort ein Loch bekommen,
um leichter zu werden.

Dabei ist ohnehin das,
was nicht gesagt wurde,
sind die leer gelassenen Stellen,
meist viel interessanter als manche Erzählungen.

Wege

Da sucht einer
und weiß nicht recht, wonach er sucht.
Er hofft, dass irgendetwas auf ihn wartet,
dass irgendein Gedanke in die Quere kommt,
und sperrig sich verkeilt.

Doch dazu heißt es warten,
genauso wie die Boote
vor der Schleuse,
damit sie nicht auf falschem Weg
dann hin zum Wasserfall gelangen.

Da sucht einer
unter dem Licht der Straßenlaterne
nach dem verlorenen Schlüssel.
Dabei liegt der
nur ein wenig weiter im Dunkeln.

Hauptbahnhof, Gleis 2

An jedem der Bahnsteige
wartet ein Zug.
Wohin fahren sie alle,
welcher ist der nächste,
und welcher davon
der rechte?

Denn es gibt auch
ungeeignete Ziele,
um nicht zu sagen, falsche,
noch viel mehr als richtige.
Nur sieht mancher das oft erst,
wenn er den Zug verlässt.

Manchmal ist es also
gar nicht schlecht,
wenn einer,
und sei es nur,
weil längst kein Platz mehr frei ist,
noch beizeiten aussteigt.

Anmerkung: Die Zahl Zwei (»zwi-«) steht in der Zahlenmystik für Dualität und Polarität: Mann – Frau, Yang – Yin … Friedrich Rückert meinte: »Die Zwei ist Zwillingsfrucht am Zweige süß und bitter.«

Zur Sprache gebracht

Es ist die Erde,
die das Feuer schenkt
und die Luft zum Atmen.
Es ist die Erde.

Es ist der Himmel,
der im Abendlicht der Tage
die Träume schafft
und der den Wind

ein Blütenblatt
vor deine Füße
wehen lässt.
Es ist der Himmel.

Es ist ein Schattenreich,
das gleich der Sprache
auch den Träumen
schaden könnte.

Es ist das Schattenreich der Zweifel,
das Funkenschlag für Funkenschlag erstickt,
den Atem raubt,
das Blütenblatt mit Füßen tritt.

Frauen weinen allzeit
über Helden,
und Helden
müssen sterben.

Wenn nur ein wenig Anstand herrschte,
weinte deshalb
nicht allein die Erde,
sondern auch der Himmel.

Ama la vida

Blues und Fado
kommen aus derselben Ecke.
Aus der kommt keiner
so leicht heraus,

nicht durch die Vielfalt der Atemzüge
und der Gedanken,
ob der Wahrheit und dem Schönen verbrüdert,
ob verletzt oder manipuliert.

Was gefällig scheint,
wurde doch gegen den Strich gebürstet,
denn Artikulation ist Harmonie
im Wissen der Dissonanzen.

Wenn sich die Eindrücke vereinen könnten,
dann kämen wohl auch die Zwischentöne zum Vorschein.
Der Klang eines Orchesters
ist nämlich wie der Dialekt einer Sprache.

Nur ist eine Stimme kein Instrument,
denn ein Instrument kann man kaufen.
Eine begabte Stimme kommt zwar aus den Tiefen,
nur trainieren muss einer sie schon.

Ein glückliches Kind wüchse wohl
ein paar Kilometer vom Stadtzentrum entfernt,
aber Hunderte Kilometer
von den Sorgen auf.

Blues und Fado
kommen eben aus derselben Ecke.
Aus der kommt keiner
so leicht heraus.

Und die Frage ist nicht,
ob du die Musik liebst,
sondern einzig und allein,
ob sie dich liebt.

Gegen Ende der Nacht

Das Lagerfeuer,
es wird immer kleiner,
und die Wärme schwindet peu à peu.

Warum legt keiner nach,
warum nur fächelt keiner mehr
Luft hin zur Glut?

Sollte alles schon
vorüber sein,
bevor der Tag beginnt?

Der neue Tag
mit seinen neuen,
festen Grenzen,

den viel zu harten Schatten,
unerbittlich klar
in seinen Meinungen.

Flüsse der Verdrängung

Es gibt Flüsse,
über die gehen keine Brücken,
sie sind zu breit,
sie sind zu reißend,
sie sind zu trennend.

Es gibt Flüsse,
über die gehen keine Fähren,
die Strudel sind zu stark
und würden die Boote
nur nach unten ziehen.

Es gibt Flüsse,
über die gehen
nicht einmal Gedanken,
schon gar keine Wünsche
und Hoffnungen.

Es gibt einfach Flüsse,
das sind Flüsse
des Vergessens,
die alle Erinnerungen
mit sich in die Tiefe nehmen.

Nicht nur im Schilf gefangen

Der Zaubervogel,
was sagt er wohl?
Vielleicht, dass nichts so bleibt, so wie es ist,
obwohl wir alles so haben wollen, wie es war,
weil Uhren niemals anders gehen wollen?

Geh fort,
sagt die Sehnsucht zur Beharrlichkeit.
Fessle nicht das Gestern
und benenne es dann in Morgen um.
Es wird auf den neuen Namen nicht hören wollen.

Weil einer zu wenig
auf den anderen gehört hat,
haben sich die Wörter im Schilf verfangen
oder in den Lianen
zwischen den Bäumen.

Aber vielleicht weiß jetzt zumindest das Schilf
oder wissen es die Lianen,
was sonst kaum nach außen dringt,
die Welt für sich behält,
wie letztlich alle großen Fragen.

Verblendung

Interessanterweise
scheinen sich die Verführten
oft schuldiger zu fühlen
als die Verführer.

Und weil sich die einen schämen,
selbst wenn sie es nicht zugeben,
so landen die anderen
nicht am Galgen.

Wir sind zwar für jede Minute
unserer Zeit verantwortlich,
ohne sich dessentwegen
alles verbieten zu müssen,

aber ist allein deshalb das Dasein
schon ein Schmetterling,
der dann doch
zu einer anderen Blume fliegt?

Trotz allem gibt es Zeiten,
da siegt die alte Liebe
über das Gauklertum,
selbst wenn jemand ganz weit fort ist.

Reiseutensilien

Wenn du deinen Koffer verloren hast,
hast du dich dann etwa
auch selbst verloren,
irgendwo in der Weite des Nicht-mehr-Seins,
in der Leere einer Wüste
mit Sandkörnern,
die dir die Augen tränen
und die Zähne knirschen lassen?

Das Weinen darüber
ist kein gutes Weinen
wie bei einem Wiedersehen.
Das Nachdenken darüber
ist kein sich fallen lassen
in die Geborgenheit eines milden Frühlingtages.
Es ist vielmehr ein leises Nagen in der Winternacht.
Trotzdem kommst du doch niemals von dir weg.

Zuzug

Die Stadt wirkt kraftvoll wie der Atlantik,
und doch weiß man in jedem einzelnen Haus,
von der Hilflosigkeit
gegenüber dem Schicksal zu erzählen.

Und wenn dann jemand vorbeikommt
und dich rezitieren hört, zuhört,
dann ist er auch
als Gast willkommen.

Die Tür geht ohnehin nicht mit Gewalt auf,
auch nicht mit List und Technik.
Sie geht nur dann auf,
wenn sie will.

Und nur für den,
für den sie will.
Vielleicht eher mit einem Vers
denn einem Schlüssel,

wie das Fenster im Parterre,
ein vergittertes im Keller
oder auf der Veranda
weiter oben in der Beletage.

Wer wohnt in welchem Flügel,
und wechseln Räume
nicht auch hin und wieder
die Benutzer,

oder Menschen ihre Räume?
Letztlich ist es aber doch der Raum,
der bestimmt, wer zu ihm gehört
und wer so gar nicht.

Bilderrechte

Auch ein Bild
hat ein Recht darauf,
frei zu sein
und nicht im Depot
in Dunkelhaft
gehalten zu werden.
Leichter haben es da die Wörter
und die Melodien,
die frei vom Wind
fortgetragen werden können,
um woanders,
zumindest bis zum nächsten Windstoß,
Fuß zu fassen.
Aber Bilder
sind eben keine Vagabunden,
sie bleiben sesshaft.

Gar nicht so selten

Die Luft, sie knistert nicht,
kein Funke
springt von einem Mast zum andern,
die Wörter ziehen los
und kommen einfach niemals an,
die Gesten eher unbeholfen,
die Blicke unentflammbar,
der Bildschirm
ist längst auf Standby eingestellt.
Der Tag ertrinkt in Langeweile.

Letztlich eine Binsenweisheit

Wir sind alle
Einwanderer und Auswanderer,
wo immer her, wo immer hin,
und das seit Jahrtausenden.

Zuerst überwindet
das Denken die Entfernungen,
dann die Hoffnung und letztlich der Mut
oder sogar Verzweiflung,

denn nur der Pfau
ist wirklich selbstbewusst,
oder wer zu selbstbewusst ist,
ist ein Pfau und unterschätzt die Jäger.

Wir alle sind
Auswanderer und Einwanderer,
und das seit Jahrtausenden,
und wer weiß schon woher und wohin?

Noch lang nicht aus

Der Vorhang fällt,
doch das Stück geht weiter,
auf einer frischen Bühne,
vor und hinter einem neuen Vorhang,
mit andersartigen Kulissen.

Es hat die Zweifel
einfach durch die Tür gelassen,
von heute, von gestern, ja selbst die von morgen.
Wie schnell wird die Moralkeule
nämlich zum Bumerang.

Es hat die Zweifel
einfach durch die Tür gelassen,
denn wer liebt dich schon
an jedem Tag
ein bisschen mehr?

Die Relativität des Blicks

Wo immer du bist,
du möchtest längst woanders sein,
was immer du hörst,
es gefällt dir nicht,
wen immer du siehst,
die Gestalt verschwimmt vor deinen Augen,
worüber einstmals Freude aufkam,
das wird meist nur durch Pflicht ersetzt,
und worauf der Kompass zeigt,
ist es das Ziel wert?

Wann immer die Sonne aufgeht,
sie ist zu spät,
wie langsam sie auch untergeht,
sie ist zu schnell.
Weshalb erscheint alles so endgültig
und ist doch nur eine Fata Morgana,
wer immer dies auch bezweifeln mag.
Und wer dann über so manchen alten Friedhof
schlendert,
für den werden die Grabmäler vielleicht sogar
zu Geschichtsbüchern.

Denn nur für diejenigen,
die keine Schrift kennen,
haben die Augen das gleiche Alter wie sie,
die Ohren allerdings
zumindest das der Eltern
und Großeltern,

sehen kann einer wohl nur die Gegenwart,
aber hören auch von der Vergangenheit.
Denn jedes Feuer, das da brennt,
verbrennt.

Lass mich singen

Lass mich von der Zeit
vor der Zeit singen,
von einem unverwechselbaren Augenblick,
aber auch von den Plänen
im Schließfach der Zukunft.

Singen von Sonne und Mond,
vom Gesicht des Meeres,
das querköpfig
sein Mienenspiel so rasch ändern kann
wie der Mensch sein Antlitz.

Singen vom Funkeln der Sterne.
Einfach nur vom Leben singen;
singen, singen, singen,
so wie es eben pocht,
oder noch viel mehr, wie es pochen sollte.

Von den Flößern

Der Wald hat ein anders Zeitmaß
als das Wasser.
Trotzdem wie Treibholz
dem Lebensfluss folgen,
vollgesogen,
bis weit in die Welt hinaus,
vielleicht sogar
ins strahlend blaue Meer
mit den kleinen weißen Wellen,
und irgendwo anlanden,
einen Platz finden,
wo man dann vielleicht
auch hingehört,
vielleicht.

Zusammenfassung

Zur falschen Zeit geredet,
am falschen Ort geschwiegen,
die Falschen hofiert,
aber dafür den Gerechten
mit Vorsicht begegnet.

Denn es gibt Menschen,
denen glaubst du
nicht nur nicht ein Wort,
sondern keine
zwei oder drei Buchstaben.

Irgendwie hätte man den Fluss
auch auf Brücken überqueren können
anstatt mit dem Floß,
von dem einer gar so leicht
ins Wasser fällt.

Auf Brücken
mit starken Pylonen,
denen selbst die Wellen
eines Tsunamis
nichts anhaben können,

und mit intelligenten Seilen,
die den Stürmen
so geschickt begegnen
und widerstehen.
Irgendwie …

Wobei,
die schlimmsten Vorwürfe
kommen ohnehin nicht von den anderen,
die schlimmsten Vorwürfe
macht einer sich selbst.

Kein Trinkspruch

Die Zeit verweht selbst die tollsten Momente,
Brieftauben sind dies nicht,
die immer wiederkehren.
Doch anderntags,
bei weniger guten,
steht die Luft still.
Der Zufall ist launenhaft
und mit ihm der Wind.

Man darf sich beim Spielen der eigenen Rolle
auch nicht selbst alles glauben.
Ein starker Arm mag furchtlos machen,
doch klüger?
Unrecht wird durch Unrecht nicht rechtens,
Rache für Rache lediglich zur Tragödie,
und die Lebenslüge
durch Leugnung nicht Wahrheit.

Wie oft hat einer alle Zeit der Welt
und doch die Angst,
dass ihm die Zeit davonläuft.
Das Gemüt neigt dazu,
Lerche und Nachtigall
zu verwechseln.
Ich trinke nicht auf euch,
wankelmütige Götter des Zufalls.

Zu groß

Du kannst das Tagesrund
nicht begreifen,
wie dann ein Jahr
oder Milliarden davon.

Du kannst das Wesen eines Sterns
nicht begreifen,
wie dann das einer Galaxie
oder so unzählbar vieler.

Du kannst das Universum
nicht begreifen,
so wenig wie Gleichgültigkeit,
Hass, Liebe und Würde.

Du kannst schon einen Tod
nicht begreifen,
wie dann den
von Millionen?

Ledrige Blätter

Am schönsten ist es dort,
wo die duftenden, weißen Blüten des Orangenbaumes
zwischen den Blättern schimmern,
im Hain nebenan die Zitronen reifen,
und so das Fernweh zur Ruhe kommt.

Am schönsten ist es,
wenn die Wolken über den Olivenbäumen
nicht in die falsche Richtung ziehen,
und das Selbstbewusstsein
sich seiner selbst bewusst wird.

Der Mensch also
mit sich selbst im Boot sitzt
und sich beobachtet,
am objektivsten natürlich wie ein Fremder
und nicht wie ein Bekannter oder Freund.

Eines der länglichen,
ledrigen Blätter segelt an dir vorbei zu Boden,
mit allem, was zu schwer fällt,
wo es, wie die Sehnsucht,
vorerst einmal zu Ruhe kommt.

Novemberherbst

Ist die Blume verwelkt,
weil der zu trübe Tag
ihrer nicht würdig war,
wie die dunkle Nacht,
ohne Mond?

Ist die Blume verwelkt,
weil es der Sonne nicht gelang,
die Wolken zumindest
mit dem einen oder anderen Strahl
zu durchbrechen?

Die liebliche Musik,
die der Wind zuwehte, verstummte,
und mit ihr die zärtlichen Texte.
Lautlos fällt Blütenblatt um Blütenblatt
und fehlt.

Der Ausweg

Um zu sehen,
muss einer schon hinausgehen,
auch über sich selbst,
sogar wenn die Gegenwart
zu nah kommt,
und somit oft
nur die Flucht
in die Vergangenheit
oder die Zukunft zulässt.

Nur ein Gedicht
klopft meist ohnehin nicht an,
es steht ungerufen
mitten im Zimmer,
manchmal zu früh,
gelegentlich auch zu spät,
trotzdem kann es
längst Weggeworfenes
für lange Zeit aufheben.

Meine Erlebnisse im KZ haben mich gelehrt,
meine Mitmenschen zu verstehen,
auch wenn sie eine andere Weltanschauung haben.
Wichtig ist allein der anständige Charakter.
Rosa Jochmann

Ein Engel über Oświęcim

Es gibt sie doch,
die Gerechten,
wenn viele auch
jahrelang im Verborgenen geblieben sind,
vorher misstrauisch beäugt
und oft auch nachher wieder,
weil die Seilschaften
der einst und später wieder Mächtigen
niemals reißen.

Die Stimme, versagt sie den Opfern
noch mehr als den Tätern?
Oder kann man das Schwert
nur mit Verachtung strafen?
Es gibt sie doch,
die Gerechten.
Für sie beten?
Eigentlich müssten sie
für uns beten.

Anmerkung: Der deutsche Name für OŚWIĘCIM ist Auschwitz. Als »Engel von
Auschwitz« wird die österreichische Krankenschwester und Widerstandskämpfe-
rin Maria Stromberger bezeichnet, die sich im Konzentrationslager für die Häft-
linge eingesetzt hat.

Die Menschen zum Denken zu bringen,
zum Sehen und Hören zu bringen,
das ist unsere Aufgabe.
Rosa Jochmann

75 Jahre danach

Gar viele Fragen
wurden in den Raum gestellt:
Kann man nach Auschwitz
noch Gedichte schreiben,
Ordnung und Chaos unterscheiden?

Die Praxis hat gezeigt,
man kann.
Nur eines kann man nicht,
so tun, als ob es Auschwitz
nicht gegeben hätte.

Denn wer sagt,
dass die Toten tot sind
und die Lebenden leben?
Haben nicht gerade die
nur allzu oft ihr Leben verwirkt?

Doppelte Buchführung

Was war, das ist
und wird auch so bleiben,
denn Vergangenes
bringt keiner zurück
und doch ist es da.

Das Jetzt
vor fünftausend Jahren
und mehr
war genauso ein Jetzt
wie das Jetzt jetzt.

Soll und Haben,
Haben und Soll,
es kommt nur darauf an,
auf welchem Konto
wo der Saldo steht.

Dennoch,
du kannst dein Leben
letztlich ja ohnehin
nur aus dem Holz schnitzen,
das du hast.

Einmal

… hinter den Vorhang der Welt sehen,
berichten, was vor der Vorstellung
alles auf der Bühne
im Verborgenen geschieht,
drüber und darunter
und jenseits der Kulissen.

Einmal wie ein Schwamm
alles aufsaugen dürfen
und in seinen Poren festhalten,
gesetzlos wie die Liebe.
Und dann nicht Archivierungswürdiges
einfach abrinnen lassen.

Mona Lisa
ist knapp vor dem Augenblick
gemalt worden,
als sie sich anschickte
zu lächeln.
Vielleicht sollte man wirklich so leben.

La commedia non è finita

Da beneidet jemand
die Vögel in der Luft
für ihre Freiheit
und Aerodynamik,

und da beneidet jemand
die Fische im Wasser
für ihre Straßenungebundenheit
und Stromlinienform,

weil er seine Beine
kaum vom Boden abheben kann,
ahnt aber nicht,
dass sowohl die Vögel in den Lüften

als auch die Fische in den Gewässern
ihre eigenen Zwänge haben,
aber vielleicht nicht so sehr damit hadern
wie unsereiner.

Wie wenig Erfolg versprechend
ist es daher,
wirklich große Gefühle
durch kleine ersetzen zu wollen.

Denn dann müsste man Angst haben
zu sterben,
ohne sein Leben
gelebt zu haben.

Prometheus

Die Erinnerungen mögen ein wenig verblassen,
aber das Gefühl für den Augenblick,
der alles verändert hat,
von einem Davor zu dem Danach,
das bleibt.

Es war Prometheus,
der den Göttern das Feuer gestohlen hat,
um es den Menschen zu bringen.
Und es war Prometheus,
der den Fortschritt in die Welt getragen hat.

Wie oft hatte er Angst,
dass der Adler vor Herakles
wiederkommen würde, bis er erkannte,
dass es der gleichen Energie bedurfte,
keine Angst zu haben.

Große Geister
erkennen sehr wohl
andere große Geister an,
nur kleine umgeben sich
mit noch kleineren.

Das ist die Frage

Liebesleute fahren Boot.
Plötzlich geht nicht ein Mond auf,
es sind zwei.

Werden die beiden Monde verschmelzen
oder eines Tages doch wieder
zwei sein?

Kein Mondaufgang
wiederholt sich nämlich
auf genau die gleiche Art,

und jedes Boot bleibt eine Insel
und jede Insel
ein Boot.

Königsberg / Калинингра́д

Der Krieg hatte die Winter kälter gemacht.
Die Erde, in der die Toten liegen,
bleibt immer dieselbe,
auch wenn sich die Grenzen darüber
verschieben.

Die Erde,
auf der die Menschen
ihr Korn für das Brot anbauen,
bleibt immer dieselbe,
auch, wenn sich die Sprachen verändern.

Viele Bäume von einst, sind die von heute,
der Fluss strömt durch dasselbe Bett.
Ja, selbst so manches Gleis
der alten Straßenbahn ist noch von damals.
Und die Erde bleibt ohnehin immer dieselbe.

Es gibt etwas

Es gibt Kompositionen,
da denkst du,
die Töne können gar nicht
allein aus einem Menschen kommen.

Und dirigieren
heißt wohl nichts anderes,
als das Orchester
zum richtigen Atmen anzuregen.

Es gibt Bilder,
da denkst du,
die Farben wären aus einer anderen Welt,
denn Gold kommt aus den Tränen der Götter.

Und es gibt
hin und wieder auch ein Gedicht,
das nicht auf der Erde
entstanden sein konnte.

Oder sind Melpomene,
Terpsichore, Euterpe, Erato, Kalliope,
und wie sie alle heißen mögen,
realer als einer denkt?

Anmerkung: Es handelt sich um fünf der neun Musen.

Naturschauspiel

Zur Vollmondzeit in Südafrika
kann es geschehen,
dass gleichzeitig die Sonne untergeht
und der Mond
auf der anderen Seite des Firmaments erscheint.

Die beiden Himmelskörper
stehen einander dann gegenüber.
Du Mensch bist in der Mitte dazwischen
und fühlst Schläfe an Schläfe
wie das Herz tickt.

Später am Abend
liest du dann
einen Satz von Siegfried Lenz:
Ich schreibe,
um die Welt zu verstehen.

Pathos ist dir anscheinend fremd,
sitzt aber doch ganz tief
in dir drinnen.
Bist du dir also
selbst schon fremd geworden?

Und ist es tatsächlich so,
dass ein Gesicht
nicht einfach nur
ein Gesicht zeigt,
sondern viele Gesichter?

Vissi d'arte

In manchen Jahren
bleiben die Äpfel grün,
die Weintrauben zu sauer,
die Birnen kaum saftig,
und die Träume?

Die Sonne versteckt sich nicht selten
hinter mehr als einer Wolkenbank,
oder sie brennt zu heiß, viel zu heiß,
dabei sollte sie doch die kalte Stirn
wohltuend temperieren.

Der Regen bleibt aus
oder wäscht
stürzend und überflutend
den Boden aus,
anstatt mild und stetig zu rieseln.

Die einst fließenden Grenzen
werden zu Festungen ausgebaut.
Und das Kind, das eine andere Sprache spricht,
versteckt sich unter dem Tisch,
weil es nicht dazugehört.

Keiner, der sich aufmacht,
die Vernunft zu suchen,
wird je ankommen,
denn die wahren Antworten liegen ja doch meist
auf der anderen Seite des Erdballs.

Wie wäre es,
in einer eigenen Zeichnung unterwegs zu sein,
ja sich sogar in ihr zu verlieren,
damit Heimweh nicht bedeutet,
dass die Heimat weh tut.

Obwohl, sie könnte ja auch dort sein,
wo Bücher sind.
Nur, wer sich zu viel erwartet, ist ein Träumer.
Also verzeih,
obwohl dir niemand verzeiht.

Das fragen sich viele schon lang

Die Idee,
die Idee ist ausgesprochen gut,
schwarz oder blau
auf Büttenpapier gedruckt
oder sogar stilvoll
mit einer Feder geschrieben.

Vielleicht müsste der Mensch
sich ihr einfach nur verweigern,
damit sie auch so bleibt,
denn muss man nicht
allen Sätzen misstrauen,
vor allem den eigenen?

Wer merkt denn schon, dass er Theater spielt,
als Subkultur, im Untergrund;
alles nur Wörter, wiederholt, geklont, schal, pauschal.
Die Welt blickt aus dem Spiegelkabinett.
Nur Paarung und Spiegel
vervielfachen die Menschen.

Für einen jungen Vogel ist es leicht,
unbeschwert zu singen.
Einem älteren, mit all seinen Erfahrungen,
fällt das oft schon verdammt schwer.
Denn jeder hat etwas anderes,
an dem er zerbricht.

Kunstlicht

Das Lichtermeer
ist so stark geworden,
dass selbst die mondlose Nacht
keine Heimlichkeiten
mehr schützen kann.
Der Ton des Mobiltelefons
vertreibt zusätzlich jede Sinnlichkeit.

Und wenn dann die Unruh in der Uhr
immer schneller wird,
läuft dann die Zeit auch schneller ab,
nur weil ein Teilchen
die Balance verloren hat?
Aber wie oft zählt ein Moment
ohnehin erst hinterher?

Wenn da einmal noch jemand,
sei auch nur für Stunden,
zurückkehren könnte,
was gäb es da alles zu erzählen,
oder würdest du nicht viel eher
die längste Zeit über
einfach nur still die Hand halten?

Deserto sulla terra *)

Wirft der Himmel
denn wirklich
den dunklen Mantel der Nacht ab?
Obwohl einer da und dort
Herr sein könnte,
bleibt er Sklave,

pendelt unentwegt
zwischen Unwahrheit
und Unwahrheit,
und zwischen den Stühlen,
die vom Thron
zum Schafott werden können.

Existiert wirklich nur das,
was man ausspricht,
und lassen sich Narben
für ewig verschweigen?
Die Verachtung steigt
auf allen Seiten.

Wer Macht hat,
hat immer auch Angst,
sie zu verlieren,
und richtet daher
viel zu oft
die Falschen (hin).

*) *Anmerkung:* Zitat aus Il trovatore von G. Verdi. Deserto sulla terra: Einsam auf Erden.

Ein weißer Rabe

Die Musik aus dem alten Plattenspieler
hat sich mit der Umgebung verwoben,
bis der Raum nur noch aus Harmonien bestand.
Die Weise lag lang nach dem Verklingen
noch in der Luft,
so sanft und leise sie auch war.

Du kannst mit gewissen Tönen
so sehr nichts im Sinn haben,
dass du sie fast nicht ertragen kannst,
und du kannst gewisse Töne
so sehr lieben,
dass du sie ebenfalls fast nicht ertragen kannst.

Manchmal
greifst nicht du nach den Sternen,
sondern die Sterne
greifen nach dir.
Das aber ist
ganz, ganz selten.

Sie hieß ...

Sie ging mit dem geheimnisvollen Lächeln
einer englischen Freundschaft,
also ohne zu große Vertraulichkeit.
Ich half ihr aus dem Boot,
ganz leicht entglitt mir ihre Hand.

Sie drehte sich um,
hob kurz den Arm zum Gruß
und war bald nur mehr
eine der vagabundierenden Nebelschwaden.
Ihr Name war: Mariposa de la Esperanza.

Anmerkung: Mariposa de la Eperanza – Schmetterling der Hoffnung.

Aus dem Alltag

Der Himmel schickt Gewöhnung statt Glück.
Spät erkennst du erst,
dass diese Gewöhnung doch Glück war.

Die Tage sind unterschiedlich,
wie Poesie und Prosa,
Silberdistel und Goldregen.

Obwohl er sein Licht nur geliehen hat,
wie der Nachtwächter,
nur intensiver,

ist vielleicht doch der Mond
der bessere Verbündete,
weil er die Nacht erhellt,

mehr noch als die Sterne,
weil sie ja letzten Endes
zu weit weg sind.

Obwohl auch er
Vergangenes
nicht zurückholen kann.

Der Wind spielt nicht nur mit den Wolken.
Nur wie hoch ist der Zaun wirklich,
hinter dem der Zaungast verschwindet?

Denn es ist immer nur ein Augenblick,
der alles verändert.
Aber das Leben schuldet dir eben nichts.

Paradoxerweise

Gerade dadurch, dass du fortgegangen bist,
bist du angekommen,
nach unendlich langen Umwegen,

das Dickicht
mit der Machete durchschneidend
wie die wuchernden Träume.

Aber nicht nur Angst
beginnt im Kopf,
auch Mut.

Gerade dadurch, dass du fortgegangen bist,
bist du angekommen,
nach einer langen Reise mit dem Zug,

manchmal schnell wie ein Pfeil,
manchmal von Halt zu Halt bummelnd,
durch die Ödnis der Gedanken.

Erst dadurch, dass du fortgegangen bist,
bist du angekommen.
Denn niemand kann dir helfen, du zu sein.

Kunst und Verantwortung

Kunst und Künstler getrennt betrachten?
Ja und nein? Nein und ja?
Leben und Werk,
so moralisch verwoben sie zwangsläufig sein müssten,
gehen nicht selten plötzlich ihre eigenen Wege.
Der Geist, der lebt,
und der Geist, der schreibt und singt und tanzt,
wie weit sind sie voneinander entfernt?

Der Ton verselbstständigt sich
und malt aus Klangfarben ein Bild.
Die Skulptur, das Gedicht, die Zeitungsglosse,
der Tanz mit dem Pinsel auf der Leinwand,
sie sind von der Biografie nicht mehr einzuholen,
denn die Werke sind oft wesentlich größer
als der da und dort manchmal
zu klein geratene Mensch.

Wie oft

Wie oft ist jemand zur falschen Zeit
am falschen Ort,
und wie oft, das wäre ein Geschenk,

zur rechten Zeit am rechten?
Es gibt so viele Schlüssel,
die nicht passen.

Und wie oft, wo sich die Berge
weitab vom Gemurmel der Täler
geradezu in den Himmel bohren?

Denkmäler setzt einer sich immer selbst,
und zwar nicht aus Stein,
sondern durch Sein.

Ein Moment Ewigkeit

Der Körper kann sie nicht messen,
die verstreichende Zeit.
Er spürt sie nicht.

Trotzdem registriert er
einen zu langen oder zu kurzen Händedruck
oder einen verstohlenen Blick in die Augen.

Die Empfindung,
die in einer Umarmung steckt,
wie kann man sie aussprechen?

Eigentlich ist ja auch in jeder Stadt
zu einem anderen Zeitpunkt Mittag.
Schon die Bibel sagt: Alles hat *seine* Zeit.

Und wir verstehen sie
oftmals falsch
und meinen: Alles hat seine *Zeit*.

Der spannendste Moment ist der,
bevor der Dirigent
seinen Taktstock hebt,

und das Orchester
voll einsetzt,
gleich einem Urknall.

Und dieses Davor,
ist das etwas wie vor dem Beginn der Zeitrechnung,
also ein Moment der Ewigkeit?

Um Sechzehnsiebzig

Die alte Uhr
mit den Zahnrädern aus Holz
tickt laut,

zu laut vielleicht,
zumindest solang der grob behauene Stein
an dem Seil nach unten zieht.

Nur von keiner Uhr weißt du,
wie sie wirklich tickt,
solang du sie nicht aufziehst.

Sie hat es leichter als andere,
denn lediglich der Stundenzeiger
kreist um den Halbtag.

Eine Sekunde
oder eine Minute auf oder ab,
wie gleichgültig scheint dies.

Es genügt ihr völlig,
ohne zu drängeln,
mündig die Richtung vorzugeben.

Sie tickt und tickt,
richtig oder falsch,
wie jeder ihrer Betrachter.

Doch manchen geht gerade
das für andere beruhigende Ticken
zu aufwühlend ins Gemüt.

Non c'è pace

Der Thron wird gern
nahe zur Sonne gebaut
und steht doch meist nur
in den Wolken.

Wer ist seiner würdig,
wer ist ihm nah,
wen davon schützen die Priester,
und wen schützt der Himmel?

Wie leicht kann sich
eine zugeworfene Rose verfliegen,
und was ist,
wenn sie niemand aus dem Feuer holt?

Die Gaben der Götter
sind nun einmal
unzuverlässig
und launenhaft.

Und wer kennt schon den Platz,
an dem die Statue
einst stehen wird,
die das Leben gemeißelt hat?

Anmerkung: Non c'è pace – Es gibt keinen Frieden. Pace, pace – die letzten Wörter
in der Oper Aida.

Sull'ali dorate

Bloß der Irre spottet der Macht,
der Weise verachtet sie insgeheim,
Gerechtigkeit kämpft gegen sie an,
und die Gier bedient sich ihrer.

So mancher König glaubte, er sei Gott,
und wurde dennoch vergessen,
wie all die selbst ernannten Götter zuvor.
Welche Gottesgabe rettete ihn da,

außer Selbsterkenntnis und zähmender Liebe?
Denn ist sie nicht Macht
und Ohnmacht zugleich,
über die sich ein Regenbogen schlägt?

Anmerkung: Sull'ali dorate – auf goldenen Flügeln (G. Verdi, Nabucco).

Eine Frage der Zeit

Nachdem das Strohfeuer erloschen war,
blieb alles schwarz und leer,
an der Oberfläche
und wohl auch in einiger Tiefe:
schwarz und leer,
leer und schwarz.

Der Zeitspeicher im Kopf,
sagt er ja zum Leben
oder muss er alle Spiegel zerschlagen?
Zeit ist nicht nur Kapital für was für Zinsen immer.
Das Wichtigste an ihrem Gebrauch
sind wohl die Pausen,

um das Jetzt
nicht wegen dem Morgen zu verpassen,
das Jetzt, das die Kindheit war
oder das Jetzt,
wenn der sanfte Wind
mit den Blättern spielt.

Nachdem das Strohfeuer
erloschen war,
blieb alles schwarz und leer,
an der Oberfläche,
und besonders auch
im Gedächtnis der Zeit.

Eine Fahrt, jedem zu wünschen

Die Stille des Morgens war fast dahin,
und die Emsigkeit des Vormittags begann,
ehe sie erst viel später
in die Trägheit des Mittags verebben sollte.

Aber die Konturen waren noch nicht hart,
und die Farben noch nicht zu grell.
Dur oder Moll?
Selbst die Töne haben sich zurückgenommen.

Da zog ein Kahn
auf dem stillen Wasser,
ruhig und anscheinend ziellos,
an uralten Eichen vorbei.

Später grüßte ein Haselstrauch,
und der Ast eines Baumes
streifte den Arm,
so wie ein guter Freund es täte.

Wer wünschte der Rose nicht,
gerade in der Hitze des Mittags,
von einem Nebelschleier
wie aus Tüll umgeben zu sein,

so leicht,
dass die Farben noch durchscheinen,
aber leichter als eine Feder.
Wind, wo bist du?

Garden Route

Das alte Windrad
dreht sich träge
in die flimmernde Hitze
des Nachmittags.

Die Straße ist schnurgerade,
die dich wegführt,
wovon eigentlich
und wohin?

Erst der Abend,
der sich golden über die Fluren legt,
und ein Glas Wein
kühlen auch das Gemüt.

Aber die Welt trauert ohnedies nicht
um die vergangenen Jahrhunderte,
sondern um das Verstreichen
des zu Ende gehenden Tages.

Also gönn dir das kleine Glück,
denn das große
erwischst du wahrscheinlich
ohnehin kaum.

Nicht viel anders,
wie eben keiner so einfach
Dompteur seines Dackels
sein kann.

Altbekannt

Manchmal obsiegt die Sprachlosigkeit
über die Sprache.
Das beginnt mit kleinen Rissen
zwischen und später
in den Wörtern,
mit anderen Betonungszeichen,
mit anderen Interpretationen.

Die Stille am Ende
ist nicht der plötzlich ruhende Windhauch,
die Stille am Ende
ist einfach nur,
dass da jemand
die Fensterläden
zu sich selbst verschließt.

Wohin man schaut

Da scheint sich ein Sturm
zusammenzubrauen:
die Wolkenformationen,
das Licht,
die ganz eigenartige Stimmung
auch in dir.
Da scheint sich ein Sturm
zusammenzubrauen.
Die Erde braucht die Menschen nicht,
eher sind sie ihr hinderlich.
Sie wird uns das noch beweisen.
Da scheint sich ein Sturm
zusammenzubrauen.
Noch ist er nicht da.

Eine andere Nixe

Die Augen sind blaugrün,
wie es sonst nur der Shannon ist.

Und manchmal zieht dich ein Blick
wie durch einen Wasserstrudel in die Tiefe.

Vielleicht nur für einen Augenblick,
vielleicht aber auch für ein ganzes Leben.

Die Magnete
müssen nur stark genug sein.

Unmöglich

Erst durch die vielen Abschiede
kommt die Schwermut in die Welt,
sagen zumindest die Leute.
Man kann die Vergangenheit nicht begraben.
Irgendwer buddelt sie immer aus,
eines schönen Tages,
und sei es unter meterdicken Schichten.

Irgendein Ereignis holt sie wieder
ins Bewusstsein zurück,
stärker denn je.
Man kann die Vergangenheit nicht begraben.
Selbst die Wörter, die einer eingräbt,
erzählen die Binsen weiter,
denn nur wenige kommen dem Wind so nah wie sie.

Die Wände des Gemäuers erscheinen dem Betrachter
dann oft plötzlich in einem anderen Licht.
Es ist zwar derselbe bröckelnde Verputz,
es sind dieselben unebenen Stellen,
dennoch erscheinen sie anders.
Ein Baum erwächst aus der Ruine
als ob er flüchten wollte.

Wie fern

Bald bist du
nur mehr der ferne Nachklang
eines Namens,
eine Erinnerung vielleicht,
ein Wanderer,
der seinen Weg weiterzieht,
unermüdlich weiter und weiter,
unter der Last des Tages
von der Morgenröte
bis zur Abenddämmerung,
ohne Ruhe,
bis das Rot der Lippen zu verblassen beginnt,
bis die frischen Wangen fahler werden,
aber die Gedanken dafür schärfer,
messerscharf,
und der Gang gelassener.
Du, mit dem fernen Namen.

Der schlafende Vulkan

Er ist kein Feuer mehr
und keine Flamme,
er ist der kahle Lavafelsen,
der von der Brandung
ausgewaschen wird.

Doch wird die Göttin Pele
das Erstaunen wiederbringen,
die Funken und die Glut?
Wo ist die Asche,
die sie ehedem ins Meer gestreut?

Wird sie wieder einmal
alles verbrennen,
was nicht in der Lage ist, zu flüchten
oder sich im Boden zu verkriechen,
wie Gefühle?

Muss jedes Feuer scheitern,
so oder so,
an sich selbst, an anderen,
dem Knistern in den Sphären,
am Anspruch der Ewigkeit?

Die Wahrheit findet sich,
wie immer irgendwo verloren,
auf dem Weg dazwischen.
Wie schön,
wenn wir einander dort die Hände reichen.

Anmerkung: Pele ist in der hawaiischen Mythologie eine Feuer- und Vulkangöttin. In der umfangreichen polytheistischen Hierarchie spielt sie eine wichtige Rolle und ist auch im zeitgenössischen Hawaii sehr bekannt. Oft wird von ihr respektvoll als »Madame Pele« oder »Tūtū Pele« gesprochen.

Ein Schiff als Pferd

Wie viele Jahrtausende
muss der Mensch zurückgehen,
um die ersten Pyramiden zu sehen
oder gar die ersten Zeichnungen im Fels?

Wie viele Jahrtausende,
bis er den ersten
abstrakten Gedanken fassen konnte,
die ersten Wörter niederschrieb,

bis Kupfer und Zinn zu Bronze wurden.
Wie viele Jahrtausende
um zu sehen, dass das Pferd kein Pferd war,
sondern ein Schiff.

Und wie schnell wird durch das Leben
aus einem Romantiker,
einem Träumer und Visionär ein Realist?
Dabei geht doch alles nur Hand in Hand.

Die Stimme,
bei der dir das Herz stehen bleibt,
ist wohl stets nur
am anderen Ende der Leitung.

Anmerkung: Die Griechen der Bronzezeit bezeichneten das Schiff als »Hölzernes Pferd«. Die Marine verwendete das Boot eben wie ein Pferd.

Das ist es

Wir werden nicht aus der Ferne verletzt,
aus der Nähe.
Trotzdem, wenn eine Stufe wegbricht,
sie einfach überspringen.

Endlichkeit heißt auch
das Geländer beizeiten loslassen zu können,
um wieder ohne Hilfe
auf eigenen Beinen zu stehen.

Die leicht schrägen Berggipfel
verneigen sich vor dem Meer,
dabei kann nur ein Fels den Verlauf des Universums
über längere Zeiträume beobachten.

Wenn aber zwei Menschen zusammenkommen,
hält die Stille zwischen den Wörtern
beim Blick in die Augen die Zeit an.
Das ist es.

Lesezeichen gegen Bücherverbrennungen

Es ist leichter, ein Atom zu spalten
als ein Vorurteil,
und dennoch darf es nicht so kommen,
wie es oft so kommt.

Es ist leichter, einen Fluss zu zähmen
als falsche Leidenschaften,
es ist selbst leichter, Insekten zu fangen
als schwirrende Gedanken.

Wer folgt eher falschen Fährten,
und welcher der Freibeuter wird zum Ritter geschlagen
und welcher endet am Galgen?
Welches Pflaster lässt dabei stolpern?

Ist der Minnesänger vielleicht gar der Wind,
dessen Fantasie
über alle Grenzen schreitet,
auch jene der Sprachen?

Horch,
was der Adler ruft,
er hat seit jeher
den größeren Weitblick.

Dennoch,
wie müßig ist es,
vor einem Hochwasser zu warnen,
das keiner will kommen sehen?

Es ist leichter, ein Atom zu spalten
als ein Vorurteil,
und so kommt es letzten Endes doch immer,
wie es nicht kommen soll.

Anmerkung: Es ist leichter, ein Atom zu spalten als ein Vorurteil. Der Ausspruch stammt angeblich von Albert Einstein.

108

Fragen über Fragen

Fragen über Fragen
auf die keiner eine Antwort weiß,
die nagend verbleiben,
weil es auch keine Brücken gibt,
die nicht eines Tages abgerissen werden,
weil keiner mehr darüber gehen will.

Wie soll denn einer
in einem fensterlosen Raum wissen,
ob es Tag oder Nacht ist,
Frühling oder Herbst?
Und wer schon die Finger nicht sieht,
wie dann die Abstände dazwischen?

Auch den neuen Tag
an der Erinnerung des gestrigen zu messen,
macht es für ihn nicht leichter.
Fragen über Fragen, in die sich einer verstrickt
wie ein Fisch im Netz, den dennoch keiner haben will.
Fragen über Fragen ...

Eines schönen Tages,
one fine day, un beau jour, un bel giorno,
qualque dia, un buen dia, een van die mooi dae,
iun belan tagon, en dag ...

Eines Tages tut dir jedes falsche Wort leid
und jede falsche Note auf der Geige
mit den traurigen Saiten
und jede falsch angeschlagene Wunschglocke.
Denn niemand spricht allein mit Wörtern.

Selbst zugeschüttet,
sind die Bruchlinien der Schützengräben
noch Jahrhunderte später zu erkennen.
Nicht nur für Archäologen
und nicht nur für Geologen.

Beethovens »Neunte«
ist so etwa zwei Jahrhunderte alt.
Und wahrscheinlich dauert es
mindestens noch zweihundert Jahre
bis sie endlich Wirklichkeit wird.

Fast alles richtet sich gegen sich selbst

Die Stadt hinter der Stadt,
hinter der Monstranz des schönen Scheins,
wo man schon auch einmal
das Leben verlernt hat,

oder es vielleicht sogar in den dunklen Ecken
nie kennengelernt hat,
das rechte Leben, das gerechte Leben.
Denn jenseits der Tapetentüren

hat nichts seinen festen Platz,
sturmfest, hochwassersicher.
Doch auch hier bleibt der Narr ein Narr.
Nur er gibt nie auf.

Märchen gehören keiner Nation

Das Meer ist ein Sandmeer,
die Berge sind Dünen,
die Spur, die einer zieht,
ist in Minuten verweht.

Der Tag scheint ohne ein Gestern zu sein,
und ohne ein Morgen,
ein einzelner Tag,
einfach so,

ein unendlich langer Augenblick,
ein eigenes Universum.
Erst das Lagerfeuer am Abend
reißt aus der Fata Morgana.

Was wissen wir schon,
um wirklich etwas sagen zu können,
und dabei den Lebenslügen auszuweichen.
Wer hat das Leben eines anderen denn schon gelebt?

Das gleiche Wort
in einer anderen Sprache,
aus einer fremden Welt,
hat es nicht eine andere Sinnlichkeit?

Amigos para siempre.
Gibt es das auch jenseits des Liedes am Holzfeuer?
Du weißt es nicht, aber du hoffst es:
para siempre.

Alles Existierende ist gleichwertig

Friederike Mayröcker

Alles hat seine Äquivalenz,
die Götter in den verschiedenen Kirchen
und in den Menschen,
das Herz des Schmetterlings,
die Ader eines Blattes, sein Grün.

Wie schwer ist es,
ein gutes Wort zu missen,
einen mutigen Satz,
den schützenden Blick,
das unverwechselbare Timbre einer Stimme.

Und wie viel bedeutet ein Lächeln, Haltung anstatt Pose,
die Träume auch bei Tag, das Feuer von Gedanken.
Oder den ganzen Tag zu sitzen und zu schreiben
und ab und zu in deine Augen zu schauen.
Nein, das Ertrinken in den Augen ist noch viel mehr.

Wetterfahne

Der Wind,
der die schweren Düfte vertreiben sollte, flaut ab,
und jener, welcher sie bringt, frischt auf.

Es kommt eben immer alles
aus der falschen Richtung.
Das weiß auch die Wetterfahne.

Doch zum Glück
hat ihr der Rost
nach und nach zugesetzt,

will sie doch nicht mehr als Mitläufer
jeder Wankelmütigkeit
so einfach nachgeben.

Ein anderer Stil

Die Feder taucht aus dem Tintenfass auf
und schreibt so anders,
weil ihre Zeit ganz unterschiedlich abläuft
als heutzutage üblich.

Ihre Zeit ist das Jetzt,
zwischen Gestern und Morgen,
eben so lang wie eine Verszeile
von Shakespeare oder Goethe.

Nur weil der Augenblick so kurz ist,
verpassen wir ihn oft.
Dabei ist selbst ein Anfang
ohne eine Ahnung des Davor

nur selten denkbar.
Erinnerung, das ist seit jeher
so ein Flair, Geschmack, Geruch
von ehedem.

Selbst jeder Takt in der Musik,
ergibt ein anderes Gespür für Zeit.
Doch entscheidet einer letztlich wirklich selbst
wie lang denn etwas dauern darf?

Menschwerdung

Zwölf Glockenschläge,
Mittag oder Mitternacht?
Wird aus einem kleinen Gott ein Teufel
oder aus dem Teufel Gott?

Das listigste der Tiere
und doch kein Tier,
mit göttlichen Gedanken
und doch kein Gott.

Im Morgendämmerschein
in eine Unbestimmtheit zu erwachen,
vom eignen Leben schwanger
abends als Rebell zu sterben.

Was glaubt der Priester wirklich,
was keimt seit gestern schon für morgen?
Die Tür zu welcher Welt
geht denn da auf?

Tutto dorme

Es existiert nur mehr das Nichts,
nichts als das Nichts,
wie nach dem letzten Glockenschlag,
das ausgedünnte All,
ein dunkles, kaltes Gemach,
ohne irgendeinen Namen auf den Lippen,
ohne irgendein Feuer in den Augen,
da alle Sterne erloschen sind,
ja vielleict sogar
die Atome auseinandergerissen wurden.
Und die Elementarteilchen stoßen einander ab,
zumindest so lang,
bis alles eingefroren ist.
Die Hoffnung enttäuscht also immer.

Nyx

Nicht der laute Glockenschlag ist es,
es sind die Obertöne,
die das Innere der Welt verkünden,
den Herzschlag,
den raschen oder flachen Puls,
die Schwingungen der Gedanken.

Je weniger das Auge sieht,
desto offener wird das Ohr
für all die Nuancen und Akzente.
Es sind eben die Zwischentöne,
die sich ihren Weg
bis in den Brunnen der Vergangenheit bahnen.

Anmerkung: Nyx ist in der griechischen Mythologie die Göttin und Personifikation der Nacht. Sie ist eine der ersten Göttinnen nach dem Chaos.

Eos

Kann das Morgenrot
wirklich die Erinnerung an die Alpträume
vergessen machen,
die Ohnmachtserfahrung,
das auf sich selbst zurückgeworfen sein,
die Unordnung des Geistes?

Oder wird das Morgengrauen
auch den Schutz der Dunkelheit,
die sanfte Umhüllung
eines Mantels aus dem Stoff der Geborgenheit
oder so manches Geheimnis
einfach wegreißen?

Die Morgensonne
verspricht oft so viel
und hält manchmal doch so wenig.
Aber in der astronomischen Reihung der Sterne
ist sie ja auch nur
ein gelber Zwerg.

Anmerkung: Eos ist die griechische Göttin der Morgenröte.

Inday

Wer von ganz weit her ist,
kann ganz nah sein,
und wer um die Ecke wohnt,
so weit weg.

Die schwarzen Augen
leuchten selbst auf dem Fotopapier,
und das kohlrabenschwarze Haar
wird vom Wind zerzaust.

Die Gedanken binden so kettenfest,
fester als jedes Tau dies könnte.
So ist jeder
auch im anderen zu Hause.

Tagträume müssen ja auch nicht
unbedingt in Erfüllung gehen.
Es genügt schon,
sie zu träumen.

An Adam

Du denkst über die Symbolik der Töne nach,
versuchst das Bild zu erklären oder das Gedicht,
dabei weiß das Unbewusste ohnehin alles viel besser.

Es merkt sofort die Seelenverwandtschaft,
solang du sie nicht hinterfragst, den Code zu knacken suchst.
Lass also die Wange an Wange,

den Blick im Blick,
das Du im Ich und das Ich im Du.
Ein Streit wär wie der erste Sündenfall.

Wohl alles

Alles löst sich auf,
so oder so,
früher oder später.

Der große Okavango
verliert sich
in einem Delta in der Steppe,

denn die Grenzen des Lebens
haben immer auch
mit Unschärfe zu tun,

wie das weit gestreute Licht
von einer
der unzähligen fremden Galaxien,

wie der Dunst,
der nicht nur die Häuser umfängt,
den Weiher

und die Lichter der Straßenlaternen,
sondern auch
die tiefen Schichten der Gedanken.

Alle löst sich auf
in einer Art Nebel,
alles, sogar der Mond.

Einer, der nicht mitmachte

Von einem, der rechtzeitig fortging,
kippte das Bild
vom Verräter zum Helden
erst spät, sehr spät.

Selbst jene,
die nur die Bleistifte spitzen,
wussten genau,
wofür sie es taten.

Und bei denen mit den weißen Handschuhen
schimmern immer noch die Taten durch.
So heißt es, die gebleichten Fingerlinge
genau zu inspizieren.

Dabei könnte die Geburt eines Menschen,
wie auch jeder neue Gedanke
eine Revolution auslösen,
könnte.[*)]

Aber letztlich
hätte es ja gar keiner Revolution bedurft,
sondern nur Menschen
an Stelle von Marionetten,

die nachher, genau wie zuvor,
immer noch in den Ämtern thronten,
bei den Gerichten urteilten
und in den Schulen und Universitäten lehrten.

Aber wenn sich der Spiegel
eben in viele kleine Splitter aufteilt,
dann fällt die Hässlichkeit dessen, was es sieht,
nicht so auf.

*) nach Hannah Arendt

Schleierwolken

Vom Mond Tag für Tag
ein wenig mehr sehen,
stumm, damit die Wörter
keine Barrikaden werden,
die schon ein einziger fehlgeleiteter Funke
entflammen mag.

Leichthin gestreute Wörter
schlagen sich oft für Tage
auf den Magen,
so wie manches Gewicht
für eine Apothekerwaage
einfach zu schwer ist.

Vom Mond Tag für Tag
ein wenig mehr sehen,
selbst wenn sich hie und da
ein Wolkenband vorüberschiebt,
das den Diamanten auf deinem Ring
ein wenig stumpf erscheinen lässt.

Der Musikclown

Er zeigt all das nicht,
was er sich selbst
nicht verzeihen kann,
im Wanderzirkus des Lebens.

Warum immer nur
die zweite Geige spielen?
Kein Kratzen, die Töne sind rein,
der Rhythmus stimmt,

keine zeitliche Unachtsamkeit,
je nachdem: zärtlich, tänzelnd, hart oder weich.
Natürlich wird nicht aus jedem Wunderkind
ein Wundermann oder eine Wunderfrau.

Warum also dennoch immer nur
die zweite Geige spielen,
bis auf die kurzen Augenblicke in der Manege,
als Fremder von außerhalb.

Trugbild

Der Amboss beklagt sein Dasein
wohl noch viel mehr als der Hammer.
Aber Karriere macht man eben nicht zu Hause,
sondern in der Fremde.

Wenn dort die Welt auch
nicht ganz so leuchtend,
grell und farbensatt erscheint,
wie mancher meint,

ist sie auch nicht so espressoschwarz,
weil all die mitgebrachte Ungeduld auf morgen
in der geschützten Ecke eines Gartens,
in jener mit den alten Fici,

von einer Contenance
des Jetzt verdrängt wird.
Denn leben lässt sich ohnehin
allein in einem schönen Irrtum.

Nicht genug

Da kann bald einer gegen den Computer
im Schach verlieren, wird es sogar.
Da kann bald einer mit ihm
über Pizzarezepte diskutieren.

Nur wie so eine Pizza schmeckt,
überhaupt zu zweit,
das weiß der Rechner nicht,
und wird es auch niemals erfahren.

Denn wenn die Wärme
allein nur vom Adapter kommt
und vom Laden eines Akkus,
genügt das im Leben lang noch nicht.

Coda

Was ist Zeit?

Da saß einer bequem auf seinem Sofa im Wintergarten. Die Sonne, die noch sehr flach einfiel, ließ ihn die Augen schließen. Auf der dünnen Schneeschicht in der Wiese und auf den Bäumen und Sträuchern glänzte und glitzerte es, als wäre der Garten in ein Opernballkleid gehüllt.

Er dachte nach. Und gleichzeitig verging das, worüber er nachdachte, so unentwegt, unbeeinflussbar und unbarmherzig, nämlich die Zeit.

Trotzdem lebte er ausgesprochen luxuriös, weil er sich im Gegensatz zu vielen anderen die Zeit nahm, die ja ohnehin für fast jeden im Überfluss vorhanden ist. Die Lebenszeit von der Geburt bis zum Tod, so an die achtzig Jahre und mehr, ist heutzutage länger als in jeder anderen Epoche der Geschichte, obwohl fast jeder das subjektive Gefühl hat, zu wenig Zeit zu haben. Aber um der Zeit sinnvoll gerecht zu werden, ist es wahrscheinlich unerlässlich, sie an den Qualitätsbegriff zu koppeln. Denn interessanterweise entsteht Qualität praktisch nur dann, wenn sich die Menschen für das Fertigen ihrer Waren auch die entsprechende Zeit nehmen können oder nehmen wollen, denn jede Zeitfessel ist der Virus der Zivilisation.

Selbstverständlich ist es gut, dass es Maschinen gibt, denn ohne ihre Hilfe hätte die westliche Welt ihren Wohlstand nie schaffen können, aber echte Qualität und wirklicher Genuss im Leben benötigen eben Zeit.

Reisende erinnern sich an ihren letzten Urlaub: Wie hingebungsvoll reparierte etwa der alte portugiesische Fischer am Kai von Nazaré sein Netz. Er schien die Welt rings um sich vergessen zu haben. Aus dieser Selbstversenkung entsprang auch die Qualität seiner Arbeit.

Die Hände des noch jungen Kupferschmieds in einem orientalischen Basar, wie geschickt und doch bedächtig bewegten sie sich, während der Mann total versunken und konzentriert eine der Schüsseln mit einem Muster verzierte, ohne sich um seine Umgebung zu kümmern.

Ja, und weshalb sind die handgeknüpften Teppiche aus Indien, Persien oder Afghanistan wohl so beliebt?

Wie langsam und bedächtig schnupperte, schlürfte und kaute ein Winzer seinen Wein, um festzustellen, ob der Rebensaft bereits zu der gewünschten Güte herangereift war.

Im japanischen Zen-Buddhismus gibt es etwa eine Geschichte über einen Jüngling, der es sehr eilig hatte, ein großer Schwertkämpfer zu werden. »Wie lange wird es dauern, wenn ich hart genug trainiere?«, fragte er seinen Meister. »Den Rest deines Lebens«, antwortete dieser. Der Meister nahm den jungen Mann dann doch als Schüler auf, aber nur unter der Auflage, dass er ihm als Diener zur Verfügung stehe.

Der junge Eiferer erhielt also keine Ausbildung im Schwertkampf, und so vergaß er im Laufe der Jahre auch sein ursprüngliches Ziel. Eines Tages lauerte ihm der Meister überraschend auf und attackierte ihn mit einem Holzschwert. Tags darauf wiederholte er seinen Überfall, und von da an war der Schüler zu ständiger Aufmerksamkeit gegenüber unerwarteten Angriffen gezwungen. Erst jetzt, von allen Ansprüchen und aller Ungeduld befreit, war er in der Lage, den Schwertkampf zu erlernen. Der Sage nach ist er später auch ein ausgesprochen großer Schwertmeister geworden.

Wie viel Geduld mussten wohl auch die Schreiber in den mittelalterlichen Klöstern haben: Feder spitzen, in Tusche tauchen und schreiben. Gebeugt saßen sie über ihren Tischen im Scriptorium. Allzu oft war der Raum kalt, war das Licht schlecht und waren die Sitze ausgesprochen unbequem. Aber ihre gewissenhaft erstellten Manuskripte sind wohl zu allen Zeiten hoch geschätzt.

Für sie alle gilt wohl das brasilianische Sprichwort: Der Tag verstreicht langsam, das Jahr schnell. Manchmal ist die Zeit eben ein sprudelnder Gebirgsbach, ein zahmes Flüsschen, ein Strom, angetrieben von mit geheimen Wünschen bespannten Windmühlenflügeln.

Natürlich kann sich heutzutage niemand vorstellen, diese Zeilen etwa mit einem Federkiel zu schreiben oder einfach all unsere Maschinen abzuschaffen. Aber wurden die Maschinen nicht ursprünglich dazu erfunden, die Arbeitslast der Menschen zu erleichtern und nicht um die Produktivität zu erhöhen? Natürlich arbeiten die Maschinen schneller als der Mensch. So konnten größere Mengen zu geringeren Kosten hergestellt werden. Die Waren wurden für immer mehr Menschen erschwinglich, so ist die Basis für unseren heutigen Lebensstandard geschaffen worden. Von ökologischen Problemen abgesehen, zahlen wir dafür aber auch einen Preis: die Zeit.

Auf den ersten Blick scheint das paradox zu sein, denn wir arbeiten dank der Maschinen wesentlich kürzer denn je, nicht einmal halb so lang wie noch vor hundert Jahren. Und doch sind die Zeiten echter Entspannung heute seltener als damals. Es liegt also nicht so sehr daran, wie viel Zeit wir zur Verfügung haben, sondern wie wir sie verbringen. Werden wir nicht ständig auf unserer Jagd nach all den guten Dingen des Lebens von einer enormen Anzahl von Alternativen bombardiert? Wer wetteifert nicht darum, für uns die Freizeit zu gestalten. In weit entfernte Länder reisen, Sport treiben, ins Kino gehen, zwanzig oder dreißig Fernsehprogramme verfolgen, Musik hören ... ständig werden wir gezwungen, Entscheidungen zu treffen. So bleibt auch immer weniger Zeit übrig, um uns mit einem einzelnen Konsumartikel beschäftigen zu können, denn auch der Konsum konsumiert Zeit. Und je mehr wir konsumieren, desto mehr nimmt auch das Gefühl der Knappheit an Zeit zu. Tempo, Tempo, Tempo, erklingt die Melodie unserer Epoche. Franz Liszt benötigte noch eine Stunde, um Ludwig van Beethovens Hammerklaviersonate zu spielen. Heute wird sie in vierzig Minuten bewältigt. So beschleicht uns sogar in der Freizeit das Gefühl, ähnlich unter Druck zu stehen wie am Arbeitsplatz.

Ein Architekt, der seine Zeichnungen nicht mehr klassisch von Hand anfertigt, sondern ein modernes Computerprogramm benützt, muss pro Stunde neunzehnmal so viele Entscheidungen treffen wie sein Kollege aus der computerlosen Vorzeit. Die Kreativität sinkt nach der ersten Arbeitsstunde schon um dreißig Prozent, nach der zweiten gar um achtzig Prozent.

Aber auch der Wechsel von der elektrischen Schreibmaschine zum Schreibcomputer erhöht die Zahl der Tastaturanschläge beispielsweise von dreißigtausend auf achtzigtausend pro Stunde. Ein Wunder der Technik oder erhöhte

Ansprüche, mehr Arbeit und Stress? – Und eine größere Gefahr, wegen der Überbelastung krank zu werden?

Die Devise heißt aber weiter Effektivität, also möglichst viel in möglichst kurzer Zeit zu erreichen. Da wir durch diese Beschleunigung jedoch nicht mehr Zeit gewinnen und unserer vermeintlichen Zeitknappheit durch noch größere Beschleunigung entgegenwirken, sitzen wir in einer Beschleunigungsfalle. Wenn die allzu schnellen Zeitabläufe mit unseren inneren biologischen Rhythmen nicht mehr zusammenpassen, droht ein Zeitinfarkt.

Dem Menschen wohnt nämlich ein einzigartiges Rhythmusgefüge inne, fast einem Uhrenladen vergleichbar. Hunderte verschiedene Prozesse steuern unser Zeitprogramm, und so sind wir auch zu jeder Stunde ein »anderer Mensch«, eingebunden in die Rhythmen der Natur, von den Genen und vom Licht gesteuert. Konzentrationsfähigkeit, Fruchtbarkeit, Hörvermögen, Schmerzempfinden, ja selbst die Intensität des Händedrucks variieren mit der Tageszeit. Aber auch der Wochenrhythmus und die Abfolge der Jahreszeiten werden von unserer inneren Uhr synchronisiert. Weil wir unser Leben allerdings nicht nach den biologischen Bedürfnissen, sondern nach dem Diktat der Arbeitsbedingungen und des Freizeitverhaltens ausrichten, kommt es immer leichter zu Schlaflosigkeit und Erschöpfungszuständen. Nachtschicht und Jet-Reisen bringen den Organismus eben aus dem Takt.

Noch nie zuvor konnten die Menschen so schnell fremde Orte erreichen: Allein in den letzten fünfzig Jahren hat sich die Geschwindigkeit im Luftverkehr verzwanzigfacht. Nie zuvor konnten wir schneller miteinander kommunizieren:

Ein Gespräch aus Tokio erreicht uns nur zwei Zehntelsekunden später. Noch nie zuvor konnten wir etwa mit Hilfe von Taschenrechnern schneller rechnen, noch nie zuvor haben sich die Bilder rascher bewegt: Autofahren mit Tempo hundertachtzig bedeutet eine Geschwindigkeitserfahrung von immerhin fünfzig Metern in der Sekunde. Im Fernsehen entsteht jede fünfundzwanzigstel Sekunde ein neues Bild. Und wie viele Informationen bringen Computerterminals, Telefon und Fax noch in unsere Wohnzimmer?

Je mehr Informationen innerhalb einer bestimmten Zeitspanne unser Gehirn zu verarbeiten hat, desto schneller verfliegen die Minuten. Die subjektive Dauer von Zeit ist aber nicht nur von der Menge der Mitteilungen, sondern auch von ihrer emotionalen Bedeutung abhängig. Der gar so gigantische Ansturm an Nachrichten lässt zwar die Zeit schnell verstreichen, nur unser Gefühlsleben und die Erinnerung werden davon nicht sehr berührt. Das heißt, dass wir von all diesen Erlebnissen für unser Menschsein eigentlich gar nicht viel profitieren. Die zumindest zeitweilige persönliche Rückkehr vom Digitalen zum Analogen brächte uns wohl auch wieder mehr Zeit.

Denn ohne Ruhe, Geduld und Einfühlungsvermögen müssen letztlich auch alle menschlichen Beziehungen scheitern, bis hin zur Liebe. Wer immer in Eile und so sehr mit sich und seinem Terminkalender beschäftigt ist, dass er sich nicht auch noch um andere kümmern kann, wird bestenfalls vordergründig, schnell frustrierende Affären erleben, weil er niemals die Geduld aufbringen wird, bis der andere Mensch bereit ist, sich mitzuteilen.

Trotz alledem: Was ist eigentlich Zeit? Augustinus meinte, dass er dies genau wusste, solange ihn niemand danach fragte, aber wenn er zu einer Erklärung ansetzte, dann wusste er es nicht mehr. Gottfried Wilhelm Leibniz definierte Zeit lediglich als die ordentliche Folge der Dinge.

Das deutsche Wort Zeit hat uralte Verwandte im Altindischen und Altgriechischen. In beiden Sprachen ist die ursprüngliche Bedeutung: Abgeteiltes; Abschnitt; das, was geteilt wird.

Zeit war also für unsere Vorfahren schon etwas, das sie teilen und messen konnten. Doch je genauer die Zeitmessung wurde, umso weniger Zeit hatten wir anscheinend zur Verfügung.

Archäologen fanden in Frankreich einen dreißigtausend Jahre alten Mondkalender. Er war einfach ein mit Kerben versehener Knochen. Die Ägypter sahen die Zeit als eine Folge wiederkehrender Zyklen, war doch ihre Welt etwas Ewiges und Unwandelbares. So nummerierten sie die Jahre mit jedem Pharao neu, und die Geschichtsschreibung berichtete drei Jahrtausende lang nicht über Veränderungen, sondern über das Festgefügte und Bestehende. Ihr Wissen um die Zeit hing mit den jährlichen Überschwemmungen des Nils zusammen, die immer dann auftraten, wenn der Stern Sirius nach einer Abwesenheit von siebzig Tagen wieder am Firmament erstrahlte. Natürlich war Sirius nicht wirklich verschwunden, er stand nur so nahe bei der Sonne, dass er, weil am Tag leuchtend, praktisch unsichtbar blieb.

Die griechischen Stoiker glaubten, dass die Welt von vorn beginnen würde, wenn Sonne, Mond und Planeten dieselbe Stellung zueinander einnähmen: »Sokrates, Platon und alle Menschen werden von neuem leben, mit denselben Freunden und Mitbürgern. Sie werden die gleichen Erfahrungen sammeln und das Gleiche tun. Jede Stadt, jedes Dorf, jedes Feld wird genauso wiedererstehen wie vorher. Und diese Wiedererstehung des Universums findet nicht nur einmal statt, sondern immer und immer wieder, unaufhörlich, bis in die Ewigkeit.«

Das Symbol für die Zeit war bei den Griechen daher auch der Kreis. Nicht so bei den Juden und Christen. Sie glauben an eine kontinuierlich fortschreitende Zeit, die sich nicht wiederholt, sondern geradewegs wie ein Pfeil oder Fluss auf ein göttliches Ziel zustrebt. Erst mit dieser Auffassung ergab der Begriff Zukunft überhaupt einen Sinn. Und so wurde die Ordnung der Zeit mit den Jahren auch immer genauer.

Noch vor Cäsar rechneten die Römer in Mondmonaten. Da sie aber nie richtig in das Jahr passten, wurden hin und wieder Schaltmonate mit unterschiedlicher Länge eingeschoben. Erst Cäsar bestimmte, dass das Jahr zwölf Monate haben solle, abwechselnd mit dreißig oder einunddreißig Tagen. Nur der Februar bildete mit neunundzwanzig Tagen eine Ausnahme, in den Schaltjahren sollte er aber auf dreißig Tage verlängert werden.

Aus purer Eitelkeit brachte Kaiser Augustus dieses übersichtliche Schema durcheinander. Er hielt den Monat »Sextilis« für seinen Glücksmonat, taufte ihn »August« und verlängerte ihn auf einunddreißig Tage zu Lasten des Februars. Damit nicht drei lange Monate aufeinanderfolgten, tauschten September und Oktober sowie November und Dezember ihre Längen. So ist unser doch etwas wirres Muster der Monatslängen entstanden.

Dennoch, das Jahr war ein wenig zu lang geraten, so sparte Papst Gregor im Jahre 1582 zehn Tage ein und legte fest, dass von den Jahrhundertwenden nur jene Schaltjahre seien, die ein Vielfaches von vierhundert ergeben.

Auch eine genaue Unterteilung des Tages war erst ab dem Mittelalter möglich. Sonnen- und Wasseruhren waren unpräzise. Trotzdem haben die ägyptischen Sonnenuhren ihre Spuren in unserer heutigen Zeitnehmung hinterlassen, und zwar durch die Teilung des Tages von Sonnenaufgang bis Sonnenuntergang in zwölf Stunden. Genauer gesagt, in zehn Stunden und je eine Stunde für die Morgen- und Abenddämmerung. Wegen der unterschiedlichen Tageslängen waren die Winterstunden natürlich kürzer als die Sommerstunden.

Griechischen Astronomen gelang es, die ungleich langen Stunden auf gleich lange umzurechnen. Sie bedienten sich dazu des babylonischen Sechzigersystems, und so kommt es, dass wir noch heute Stunden und Minuten in genau sechzig Teile zerlegen.

Richtig ernst wurde es mit einer genauen Tageseinteilung allerdings erst im Mittelalter. Schon der römische Mönch Benedikt war der Meinung, dass Mönche im Kloster einen festen Tagesablauf brauchten, um optimal arbeiten zu können, so teilte er den Tag in »horae« ein, zu Deutsch: in Stunden. So gab es eine »hora« zum Beten, zum Lesen, zum Essen, zum Reinigen, zum Arbeiten, zum Schlafen, ja sogar eine, um die Notdurft zu verrichten. Damit sich die Mönche an diesen genauen Stundenplan halten konnten, ließ er vor jeder neuen Tätigkeit eine Glocke läuten.

Aus diesem Bedürfnis – nach genauer Zeiteinteilung – heraus, erfand wohl ein uns unbekannter Mönch in einem Kloster knapp vor dem Jahr 1300 die erste mechanische Uhr. Ihr wichtigstes Merkmal war ein Schwungrad, das sich abwechselnd rechts- und linksherum drehte und mit jeder Drehung den zentralen Zahnkranz der Uhr einen Zacken weiterrücken ließ. Das hin und her kreisende Rädchen vollführte immer dieselbe Bewegung und zerteilte so die Zeit in gleich lange Stücke. Das Uhrwerk diente nur dazu, das Rädchen in Gang zu halten und seine Schwingungen zu zählen.

Natürlich verbreitete sich das neue Zeitmessgerät rasend schnell. Alle wohlhabenden Städte schafften sich solche Uhren an, bauten sogar eigene Türme dafür, damit sie jeder sehen und hören konnte. Was machte es da schon aus, dass diese Uhren anfangs oft nur mit einer Stundenglocke und später mit einem Stundenzeiger ausgestattet waren? Der Mensch begann, sein Leben nach der Uhr zu führen.

Erst 1670 entwickelte der niederländische Mathematiker Christiaan Huygens die Pendeluhr. Ab diesem Zeitpunkt blieben uns auch die Minuten und Sekunden nicht mehr erspart, und die Arbeitszeit konnte synchronisiert werden.

Textilmanufakturen waren die ersten Betriebe nach heutigem Muster. Sie waren darauf ausgerichtet, dass alle Beschäftigten zur selben Zeit an ihren Arbeitsplätzen erschienen. Und da Löhne immer den Großteil der Produktionskosten ausmachten, entschied eine genaue

Abrechnung der Arbeitszeit über Erfolg oder Misserfolg des Unternehmens.

So war aus der göttlichen eine profane Zeit geworden, eine Zeit, die sich gegen Geld an einen Arbeitgeber verkaufen ließ. Und den Güterwohlstand, der sich daraus ergab, den bezahlen wir heute noch mit Zeitnot.

Immer genauere Uhren zerteilten die Zeit in immer kleinere Stücke. Gingen die ersten Turmuhren noch bis zu einer Viertelstunde täglich falsch, irrten sich die Quarzuhren des zwanzigsten Jahrhunderts höchstens um eine Sekunde in zehn Jahren. Die beste Atomuhr erreicht heutzutage eine Genauigkeit von einer Sekunde in einer Million Jahre. Und welche teilweise bizarren Formen nimmt die Zeitmessung etwa im Sport an. Ist denn ein Läufer, der mit ein paar Hundertstelsekunden Vorsprung siegt, wirklich so viel besser als der zweite?

Wir wissen also ganz präzise, wie spät es ist, aber wissen wir deshalb auch schon, was Zeit ist? Seit Einsteins Relativitätstheorie wissen wir jedenfalls, dass das Bild des gleichmäßigen, immer auf gleichem Kurs bleibenden Zeitpfeils auch nicht mehr stimmt. Sie kann sich dehnen und zusammenschrumpfen. Ist sie jetzt, weil wir ja nur noch dem Wert zubilligen, was sich messen lässt, zu einer reinen Messgröße verkommen?

Aber, je genauer wir die Zeit messen und einteilen können, je präziser wir den Tagesablauf planen, desto weniger Zeit glauben wir zu haben. Und je genauer die Uhren gehen, desto schneller arbeiten wir, desto schneller laufen wir auf der Straße. Je mehr Zeit wir einsparen, desto weniger bleibt paradoxerweise übrig.

Ob wir Zeit haben oder nicht, hängt also nicht so sehr mit der wirklich zur Verfügung stehenden Zeitmenge zusammen, sondern mit unserem Zeitgefühl. Jeder weiß, dass für Kinder und ältere Menschen die Zeit in einem unterschiedlichen Tempo vergeht, ebenso dann, wenn wir ungeduldig auf etwas warten oder in Muße ein Buch lesen.

Die Normen und Machtstrukturen der »Chronokratie« wird niemand abschaffen können, doch jeder könnte sich einen Sinn für Langsamkeit und die Rhythmen der Natur in sich selber bewahren.

Stellen Sie sich vor, Sie könnten auf Knopfdruck alle Zeitmessgeräte abschalten, alle Uhren, die telefonische Zeitansage, die internationalen Zeitfunksignale, Rundfunk und Fernsehen müssten ihre Programme beenden, denn Sendungen, die für alle Menschen gleichzeitig zu empfangen sind, bilden ja auch so etwas wie einen Zeitmaßstab.

Wenn kein Wecker mehr rasselt, könnten Sie am Morgen richtig ausschlafen. Sie kommen zu spät zur Arbeit, doch keiner kann es Ihnen nachweisen, weil es die Pünktlichkeit eben nicht mehr gibt. Die Abfahrtzeiten der U-Bahnen und Züge könnten nicht mehr synchronisiert werden. Der Verkehr bräche zusammen. Viele Fabriken würden schließen, die Nachrichtenflut verebbte. Das Leben würde langsamer verlaufen, die Zeit weniger wichtig werden. Nach und nach schwände das Gefühl, dass die Zeit gleichmäßig voranschreitet. Sie würde nur von Ereignis zu Ereignis springen.

Aber vielleicht genügt es auch nur, weniger auf die Uhr zu sehen, sich vollkommen auf eine Aufgabe zu konzentrieren, dem Informationsstress ein wenig zu entgehen und mehr Sinn für Qualität zu entwickeln, um ein anderes Zeitgefühl zu bekommen.

Vielleicht genügt es, den nächsten Brief statt mit dem Textcomputer mit einer Füllfeder auf ein feines Stück Papier zu schreiben, die handgeschriebenen Manuskripte des Mittelalters nur ein klein wenig nachzuahmen, um dem Schreiber und dem Empfänger des Briefes mehr Muße zu vermitteln.

Ein wirklich erfolgreicher Mensch jedenfalls hängt nicht den ganzen Tag wie ein Getriebener an seinem Mobiltelefon oder wartet ungeduldig auf jede weitere E-Mail, sondern er versucht, sich seine Zeit einzuteilen, ja damit vielleicht sogar ein bisschen in den Griff zu bekommen oder zu beherrschen.

Der Zeitpfeil, der seit dem Urknall immer weiter in eine eindeutige, unumkehrbare Richtung zu fliegen scheint, lässt sich ohnehin nicht aufhalten. Für Physiker ist das – nach dem Prinzip der Thermodynamik – der Weg von der Ordnung zur Unordnung in einem abgeschlossenen System. Etwas, das man als Fließen der Zeit interpretieren könnte, kommt in der Physik also nur als wahrscheinlichkeitstheoretischer Begriff vor. Obwohl die Begriffe Vergangenheit, Gegenwart und Zukunft in den Einsteinschen Theorien mathematisch-präzise sind und messbare Bedeutung haben, erweist es sich bei genauer Betrachtung aber zunächst als völlig unklar, wie ein Fließen der Zeit in der Sprache der Physik, der Mathematik oder irgendeiner anderen Wissenschaft präzise beschrieben werden könnte. Doch was ist, wenn jene Physiker recht haben, die an ein holographisches Universum glauben, das übrigens mathematisch erfassbar ist. Dann existieren Vergangenheit, Gegenwart und Zukunft wohl gleichzeitig und dann hat, unvorstellbar, auch der Zeitpfeil seine Bedeutung verloren. Steckt, wie viele meinen, in jedem Partikel des Universums wirklich das gesamte Wissen?

Lassen wir uns überraschen. Für unsere menschliche Entwicklung gilt wohl nach wie vor der Satz von Oscar Wilde: Be yourself; everyone else is already taken. Also: Sei du selbst; alle anderen gibt es schon. Denn auch der Sanduhr läuft die Zeit davon.

Inhalt

Die Kapitelüberschriften sind Begriffe aus dem klassischen Ballett: Auftritt, Tanz zu Zweit und Schlusssatz.

Weitere Bücher von Kurt F. Svatek – bei TRIGA – Der Verlag erschienen

Der gescheiterte Scheiterhaufen

Mikro-Geschichten

Der vielseitige Autor ist unter anderem auch ein Pionier im Bereich der deutschsprachigen Mikrogeschichten. Jener kurzen Prosaform, die zwar auf der Iberischen Halbinsel entstanden, aber vor allem in Lateinamerika sehr beliebt ist. Es gibt zwar Übersetzungen aus dem Spanischen und Brasilianischen, sonst aber kaum eigenständige Beispiele in deutschsprachigen Ländern für diese ganz eigene Form.

200 Seiten. Hardcover. 22,00 Euro. ISBN 978-3-95828-252-0
Paperback. 15,00 Euro. ISBN 978-3-95828-286-5

Auf der Rückseite
des Mondes
Poetische Augenblicke

LICHTpunkte – Band 142

Unverhofft

Der Abendwind
vertrieb die Mandelblüte
von ihren Schwestern
in ein anderes Leben.
Wie schön,
dass sie nicht lang danach
auf deinem schwarzen Haar
ein wenig Ruhe fand.

162 Seiten. Hardcover. 17,80 Euro. ISBN 978-3-95828-193-6
eBook. 7,49 Euro. ISBN 978-3-95828-194-3

Die Verhaftung der Sprechpuppe

Sprachver(w)irrungen

Kurt F. Svatek beschäftigt sich, wie im Band »Ein Deut Deutsch«, auch in diesem Buch mit Spracheigentümlichkeiten.

In einer Reihe amüsant gestalteter Texte richtet der Autor den Blick auf Entwicklungen der Ausdrucksweise von Alt und Jung. Er beleuchtet die Durchlässigkeit zu anderen Sprachen und wie wir mit der Sprache umgehen. Überraschend und unterhaltsam fördert Kurt F. Svatek zutage, was das gesprochene und vor allem das geschriebene Wort wiederum aus uns macht.

Den Lesern wird die Lektüre so manches Schmunzeln entlocken.

192 Seiten. Hardcover. 14,50 Euro. ISBN 978-3-95828-036-6
eBook. 7,99 Euro. ISBN 978-3-95828-037-3

In den Schattenfarben der Rosen

Lyrik

Kurt F. Svatek sagt: »Wahrscheinlich ist es immer an der Zeit, Zeitgedichte, oder besser gesagt Gegen-die-Zeit-Gedichte zu schreiben, um Strömungen und Strudel sichtbar zu machen, die in einem selbst oder um einem herum vorhanden sind.« Und so schildert der Autor auch in diesem Band wieder in punktgenauer Sprache feinfühlig existenzielle Momente des Lebens, deckt ideenreich Widersprüchliches in Politik und Gesellschaft auf und bezieht zeitkritisch Stellung.

156 Seiten. Paperback. 11,50 Euro. ISBN 978-3-89774-968-8
eBook. 7,99 Euro. ISBN 978-3-3-89774-201-7

Ein Deut Deutsch

oder Morgen ist heute schon gestern
LiteraturWELTEN Band 34

138 Seiten. Paperback. 12,90 Euro. ISBN 978-3-89774-837-8
eBook. 9,99 Euro. ISBN 978-3-89774-923-8

Der Montagmorgenmuffel

Schüttelreime
LICHTpunkte – Band 88

86 Seiten. Pb. 8,30 Euro. ISBN 978-3-89774-618-2

Die Abende sind lang geworden

Gedichte zum Wintermond
LICHTpunkte – Band 56

86 Seiten. Pb. 8,30 Euro. ISBN 978-3-89774-439-4

Herr B. aus Berlin

Deutschsprachige Limericks
LICHTpunkte – Band 49

98 Seiten. Pb. 8,30 Euro. ISBN 978-3-89774-383-0

Des Mondes Silbergarten

Haiku, Senryu und Tanka
LICHTpunkte – Band 34

96 Seiten. Pb. 9,20 Euro. ISBN 978-3-89774-360-1

Spruch-Reif

Dem Alltag auf die Finger gesehen
LICHTpunkte – Band 94

96 Seiten. Pb. 8,30 Euro. ISBN 978-3-89774-655-8

Weihnachten fällt auf den Weihnachtsinseln meist in Wasser

Geschichten, die in den Dezember passen
LiteraturWELTEN Band 7

132 Seiten. Pb. 12,90 Euro. ISBN 978-3-89774-546-9

Der Weg nach Samara

Semantische Essays

176 Seiten. Hardcover. 9,80 Euro. ISBN 978-3-89774-493-6

TRIGA – Der Verlag
Leipziger Straße 2 · 63571 Gelnhausen-Roth
Tel.: 06051/53000 · Fax: 06051/53037
E-Mail: triga@triga-der-verlag.de · www.triga-der-verlag.de

An manchen Tagen hängt der Mond ein wenig schief

Ein Arbeitstagebuch

Edition PEN im Löcker Verlag, Wien

36 Seiten, Pb. 24,80 Euro, ISBN 978-3-85409-858-4